Mein
Aquarium

Foto

Meine Fische:

_____
_____
_____
_____
_____
_____

Meine Pflanzen:

_____
_____
_____
_____
_____
_____

Fütterungsplan:

_____
_____
_____
_____
_____
_____
_____

Wasserwechsel:

_____
_____
_____
_____
_____
_____
_____

Sonstiges:

_____
_____
_____
_____
_____
_____
_____

Anschrift der Fachzoohandlung:
_____

Telefonnummer:

Jörg Vierke

Unser erstes Aquarium

Franckh-Kosmos

Mit 16 Farbfotos von B. Kahl (13), H. Reinhard (2) und J. Vierke (1) und 31 Schwarzweiß-zeichnungen von A. Paysan (15), J. Vierke (4), C. Falk (7), W. Weiss (3), B. Kahl (1) und dem Archiv (1), sowie 12 Vignetten von M. Golte-Bechtle

Umschlaggestaltung von Atelier Reichert, Stuttgart, unter Verwendung von 4 Farbaufnahmen von Gerhard Brünner (Ludwigie unten links), Burkard Kahl (Schwarm Platies und Zwergregenbogenfisch auf der Umschlagrückseite) und Jörg Vierke (Kampffisch).

Die Deutsche Bibliothek –
CIP-Einheitsaufnahme

Vierke, Jörg:
Unser erstes Aquarium : [Fische und Pflanzen auswählen und pflegen] / Jörg Vierke. – 4. Aufl. – Stuttgart : Franckh-Kosmos, 1993
    ISBN 3-440-06728-9

4. Auflage/1993
© 1986, Franckh-Kosmos Verlags-GmbH & Co., Stuttgart
Alle Rechte vorbehalten
ISBN 3-440-06728-9
Printed in Germany / Imprimé en Allemagne
Satz: Fotosatz Stephan, Stuttgart
Herstellung: Huber KG, Dießen

Bildnachweis:

S. 17 oben: Schwertträger, *Xiphophorus helleri*. Aufnahme B. Kahl
S. 17 unten: Black Molly, *Poecilia sphenops*. Aufnahme B. Kahl
S. 18 oben: Korallenplaties, *Xiphophorus maculatus*. Aufnahme B. Kahl
S. 18 unten: Wagtail-Platies, *Xiphophorus maculatus*. Aufnahme B. Kahl
S. 35 oben: Lachsroter Regenbogenfisch, *Glossolepis incisus*. Aufnahme B. Kahl
S. 35 unten: Rotgeschwänzter Ährenfisch, *Bedotia geayi*. Aufnahme B. Kahl
S. 36 oben: Paradiesfisch, *Macropodus opercularis*. Aufnahme B. Kahl
S. 36 unten: Kampffisch, *Betta splendens*. Aufnahme H. Reinhard
S. 37 oben: Gefleckter Panzerwels, *Corydoras paleatus*. Aufnahme H. Reinhard
S. 37 unten: Purpurprachtbarsch, *Pelvicachromis pulcher*. Aufnahme J. Vierke
S. 38 oben: Siamesische Saugschmerle, *Gyrinocheilus aymonieri*. Aufnahme B. Kahl
S. 38 unten: Siamesische Rüsselbarbe, *Epalzeorhynchus siamensis*. Aufnahme B. Kahl
S. 55 oben: Zebrabärbling, *Brachydanio rerio*. Aufnahme B. Kahl
S. 55 unten: Bitterlingsbarbe, *Barbus titteya*. Aufnahme B. Kahl
S. 56 oben: Laternenträger, *Hemigrammus ocellifer*. Aufnahme B. Kahl
S. 56 unten: Roter vom Rio, *Hyphessobrycon flammeus*. Aufnahme B. Kahl

Unser erstes Aquarium

Vorwort

Die Beschäftigung mit Zierfischen und Aquarienpflanzen gehört zu den schönsten Hobbies, die es gibt. Wer sich als Neuling allerdings bar aller Vorkenntnisse in das Abenteuer »Aquarienkunde« stürzt, kann leicht Schiffbruch erleiden. So mancher hat nach einigen Fehlschlägen sein Aquarium auf den Boden oder in den Keller gestellt. In den meisten Fällen hätte den Entmutigten schon mit wenigen Ratschlägen geholfen werden können.

Das vorliegende Buch will dem »Einsteiger« ein zuverlässiger Helfer sein. Es wird ihm alle erforderlichen Kenntnisse vermitteln, die für die Einrichtung und die erfolgreiche Pflege eines Aquariums und seiner Bewohner nötig sind.

Es gibt eine Unzahl von Möglichkeiten, sein Aquarium einzurichten, schön zu gestalten und zu besetzen. Für den Neuling ist aber die Einrichtung und besonders die Besetzung mit Fischen ein gewagtes Glücksspiel. Ich möchte hier einen leicht nachzuvollziehenden und dennoch attraktiven Einrichtungs- und Besatzplan vorstellen. Mit dieser Anleitung sollte es eigentlich jedem möglich sein, ein herrliches und interessantes Gesellschaftsaquarium einzurichten, an dem man lange Zeit seine Freude hat.

Jung-Aquarianer haben oft nicht das Geld, um sich ein großes Gesellschaftsaquarium einzurichten. Für sie habe ich als Alternative ein Kleinbecken beschrieben, das sogar die Möglichkeit zur Fischzucht bietet. Ich hoffe, daß auf diesem Weg viele Aquarianer erkennen, welche tiefen Einsichten in biologische Zusammenhänge hier möglich werden, welche tiefe Befriedigung diese Beschäftigung bringen kann.

Ich hoffe, daß Ihnen dieses Büchlein zu einem zuverlässigen Ratgeber für die Stunden mit Ihren Fischen wird. Bestimmt werden Sie dann auch bald sagen: »Die Beschäftigung mit Zierfischen ist faszinierend und immer wieder von neuem interessant!«

Warum Zierfische?

Vielleicht haben Sie bei Freunden oder Bekannten ein herrlich eingerichtetes Aquarium gesehen, vielleicht hatten Sie auch schon das Glück, eifrige Fischeltern bei der Brutpflege zu beobachten. Dann wird der Wunsch nach einem eigenen Aquarium wach. Bei Beachtung einiger Punkte ist es nicht schwer und auch finanziell nicht auf-

wendig, ein attraktives Gesellschaftsaquarium mit schönen Pflanzen und bunten, interessanten Fischen zu betreiben, wenn man von den unvermeidlichen Kosten für die Erstanschaffung einmal absieht. Im laufenden Betrieb ist die Zierfischpflege sicher billiger als die Haltung der allermeisten anderen Haustiere. Auch im Urlaub oder in den Ferien bereitet ein Aquarium keine Probleme. Mehr dazu auf Seite 39.
Sicher gibt es nur wenige Möglichkeiten, biologische Zusammenhänge so anschaulich und leicht zu erfassen und kennenzulernen wie durch die Einrichtung und Pflege eines Aquariums. Das

Aquarium ist eine abgeschlossene, funktionierende Lebensgemeinschaft, keine bloße Ansammlung von Pflanzen und Tieren. Wie in der Natur sollte man sich vor dem Irrtum hüten, daß man als Pfleger ständig in dieses System eingreifen müßte, es gewissermaßen durch ständiges Putzen, Wasserzusätze und Umbesetzen »verbessern« könnte. Die Beobachtung und die zurückhaltende Kontrolle stehen im Vordergrund. Sicher entspricht das auch dem Naturverständnis heutiger Menschen, vielleicht ist gerade dies auch der Grund für die besondere Sympathie, der die Aquarienkunde sich erfreut.

Das richtige Aquarium

Aquarien gibt es in den verschiedensten Ausführungen und in vielen Größen. Die Entscheidung für ein bestimmtes Aquarium hängt vom Geschmack, vom Preis und vom zur Verfügung stehenden Raum ab. Wohl alle

der im Handel angebotenen Aquarien erfüllen ihren Zweck. Grundsätzlich hat man die Wahl zwischen rahmenlosen und gerahmten Aquarien, zwischen Glas- und Kunststoffaquarien. Glasaquarien sind mit Silikonkautschuk geklebt. In der Haltbarkeit gibt es keine Unterschiede zwischen Aquarien mit und Aquarien ohne Rahmen. Der Rahmen dient lediglich als Verzierung. Kunststoffaquarien unterscheiden sich von Glasaquarien vorteilhaft

durch ihr geringeres Gewicht. Auch gibt es hier die Möglichkeit, in Sonderanfertigung gewölbte Scheiben zu bekommen. Leider sind die Kunststoffscheiben gegen Kratzer meist empfindlicher als Glas. Beim Reinigen muß man doch immer damit rechnen, daß unschöne Kratzer an den Scheiben entstehen.

Man ist anfangs geneigt, zunächst mit einem kleineren Aquarium zu beginnen, im Glauben, kleinere Aquarien seien leichter zu handhaben als große. Das ist ganz gewiß ein Irrtum. Je größer ein Aquarium ist, desto leichter ist es, die Wasserqualität stabil zu halten, je mehr Raum die Fische haben, desto besser können sie sich entfalten. Kleinstaquarien erfordern häufigere Kontrollen und mehr Erfahrung als größere. Das ideale Aquarium für den Anfänger sollte ungefähr ein Fassungsvermögen von 100 Litern haben. Aquarien dieser Größe haben eine Seitenlänge von etwa 80 Zentimetern und werden danach häufig als »80er-Becken« bezeichnet. Meine Einrichtungs- und Pflegebeispiele werden sich im folgenden auf ein derartiges Standardaquarium beziehen, gelten aber gleichermaßen auch für 70er- und 100er-Becken. Wie man diese Beispiele auf noch größere Aquarien übertragen kann, wird auf Seite 48 und Seite 49 erläutert.

Heizung und Beleuchtung

Ein Aquarium ohne künstliche Beleuchtung ist undenkbar. Das Licht ist für das Pflanzenwachstum Voraussetzung. Es kann in unseren Breiten nicht durch unser Tageslicht ersetzt werden. Die tropischen Warmwasserpflanzen brauchen das ganze Jahr über täglich 12 bis 14 Stunden Licht. In den Wintermonaten hätten wir zuwenig Licht für unsere Pflanzen, in den Sommermonaten zuviel. Dann wäre Veralgung die Folge.

Es ist günstig, zusammen mit dem Aquarium gleich eine Aquarienabdeckung mit eingebauter Lichtanlage zu kaufen. Bei Aquarien unserer Größe handelt es sich dann immer um 18-Watt- oder um die älteren 20-Watt-Leuchtstoffröhren. Achten Sie darauf, daß der Lampenkasten nicht nur eine Röhre, sondern möglichst zwei enthält. Ihre Pflanzen danken diese höheren Lichtmengen durch besseres Gedeihen!

Die Pflege von tropischen Pflanzen und Fischen im Aquarium ist sehr viel einfacher als die von einheimischen. Dann brauchen wir aber auch eine Aquarienheizung, denn Zimmertemperaturen reichen unseren Tieren auf Dauer nicht. Zur Heizung sollte man sich auf jeden Fall gleich auch einen

Regler besorgen. Dieser Thermostat hält die Temperatur auf dem einmal eingestellten Wert. Damit werden übermäßige und für unsere Fische oft gefährliche Temperaturschwankungen vermieden. In den meisten Fällen dürfte es am günstigsten sein, Heizung und Regler gleich als Einheit, als sogenannten Regelheizer anzuschaffen. Nur wenn man mehrere Aquarien

gleichzeitig über einen Regler betreiben will, lohnt es sich, Regler und Heizer getrennt zu haben. Die stabförmigen Regelheizer werden senkrecht in einer Ecke des Aquariums untergebracht. Man versucht, sie durch dichte Pflanzen oder durch eine ins Wasser gebrachte Wurzel zu tarnen.
Bei Flächenheizern ist das nicht nötig. Es handelt sich dabei um Heizmatten, die man zwischen die Aquarienunterlage und die Bodenplatte legt. Das Aquarium wird also direkt auf die Heizmatte gestellt. Diese Lösung ist besonders auch im Hinblick auf die elektri-

Die technische Grundausstattung: Aquarium und Abdeckplatte mit eingebauter Leuchte, Thermometer, Motor-Innenfilter und Regelheizer. Zeichnung C. Falk.

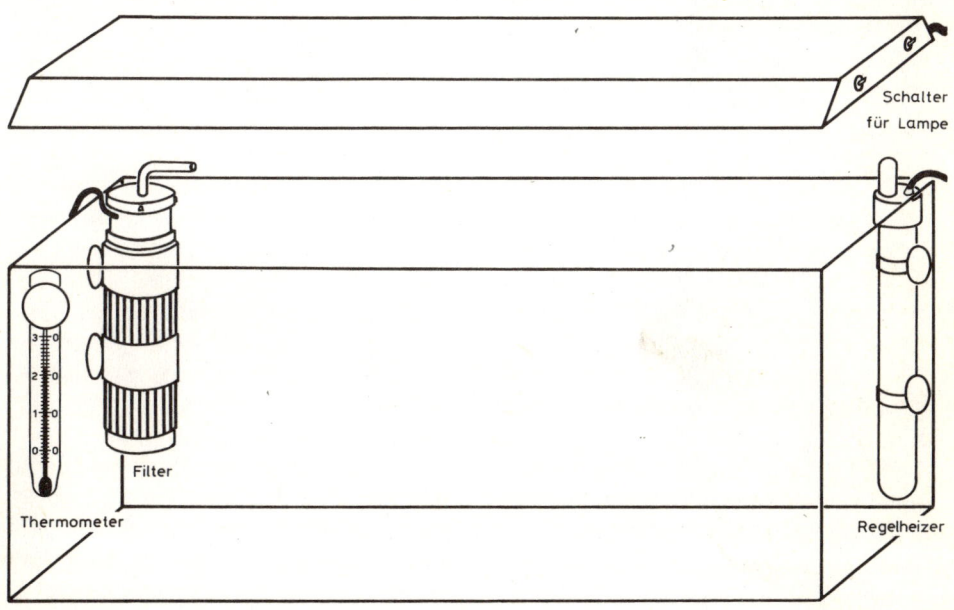

Schalter für Lampe

Filter

Thermometer

Regelheizer

9

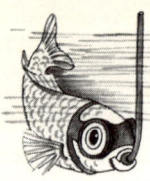

sche Sicherheit überzeugend. Flächenheizer fördern auch die Wasserzirkulation im Boden und damit das Pflanzenwachstum. Sie sind allerdings deutlich teurer als die Stabregelheizer.

Der Filter

Lichtanlage und Regelheizer sind ein absolutes Muß für den Aquarianer, das Aquarium natürlich sowieso! Sehr empfehlenswert, wenn auch nicht so dringend notwendig, ist ferner die Anschaffung eines Filters. Ein Filter hat die Aufgabe, das Wasser von in ihm schwebenden Trübteilchen zu säubern. Vor allem unsere Pflanzen danken das und unser Auge natürlich auch. Zudem ist die durch den Filter hervorgerufene Wasserbewegung besonders für die Fische von Bedeutung. Viele Fische sind von Natur aus an eine mehr oder weniger starke Strömung angepaßt. Vor allem aber verhindert die Wasserbewegung unerwünschte Temperaturschichtungen im Wasser und beschleunigt den Gasaustausch zwischen dem Wasser und der darüberstehenden Luft. Unsere Fische leiden dann sicher keine Atemnot.

Auch ein über eine Pumpe betriebener Luft-Ausströmerstein würde Temperaturschichtungen verhindern und den Gasaustausch beschleunigen. Von diesen Durchlüftern muß im Gesellschaftsaquarium abgeraten werden! Sie können nicht mehr als ein Filter, nur weniger. Darüber hinaus sind sie geräuschvoller und nicht billiger als ein kleiner Komplett-Innenfilter. Ich bin noch aus einem weiteren Grund gegen den Einsatz des »Sprudelsteins« im Gesellschaftsaquarium. Die Durchlüftung vertreibt sehr erfolgreich das Kohlendioxid aus dem Wasser. Kohlendioxid ist jedoch ein hochwillkommener Aufbaustoff für unsere Pflanzen.

Die Auswahl an Filtern ist groß. Es würde zu weit führen, hier die Vor- und Nachteile der einzelnen Filtertypen aufzuzählen. Für ein Gesellschaftsaquarium unserer Größe ausgezeichnet geeignet sind kleine, mit einer Schaumstoffpatrone ausgestattete Innenfilter, die über einen geräuscharmen Elektromotor betrieben werden. Eine Pumpenleistung von 150 bis 200 Litern pro Stunde reicht völlig. Diese Pumpen haben nur einen Stromverbrauch von 3 W und kosten etwa 40 DM. Sie sollten, wenn sie einmal in Betrieb genommen wurden, auch wirklich ununterbrochen, Tag und Nacht, arbeiten. Dann können sie sogar in begrenztem Umfang etwas zur biologischen Aufarbeitung der im Aquarium anfallenden Abfallstoffe beitragen.

Nützliches Zubehör

Neben dem Standardzubehör wird im Handel eine Vielzahl weiterer Dinge angeboten. Vieles davon ist aber entbehrlich. Speziell für den Anfang sollten die hier genannten Geräte voll ausreichen. Lediglich etwas Kleinzubehör brauchen wir noch: ein Thermometer zur Überprüfung der Wassertemperaturen, einen Kescher, um Fische aus dem Aquarium herausfangen zu können, und gegebenenfalls einen Scheibenreiniger und einen Wasserschlauch für die Aquarienreinigung.

Fassen wir zusammen, was wir an technischem Gerät brauchen! Die Angaben beziehen sich auf ein 100-Liter-Aquarium (ca. 80er-Becken), die nachfolgenden Angaben in Klammern auf ein 80-Liter-Aquarium (ca. 70er-Becken) sowie auf ein 200-Liter-Aquarium (ca. 100er-Becken). Das Fassungsvermögen eines Aquariums ist leicht nach der Formel »Länge×Breite×Höhe« berechnet. Wir brauchen:

1. 100-Liter-Aquarium (80-Liter-Aquarium/200-Liter-Aquarium)
2. Abdeckung mit 2×18- bzw. 20-Watt-Leuchtstoffröhren (2×18 bzw. 20 W/2×30 W)
3. 50-Watt-Regelheizer (40 W/80W)
4. Thermometer
5. Möglichst auch einen Motorinnenfilter mit 150 bis 200 l/h Leistung (100—200 l/h/200—500 l/h)

Die Einrichtung des Aquariums

Unser Aquarium soll nicht nur für unseren Geschmack schön sein, es soll auch seinen Bewohnern gefallen. Glücklicherweise brauchen wir da keine Kompromisse einzugehen, denn was unseren Fischen gefällt, kommt auch unserem Schönheitsgefühl nahe. Die Fische brauchen ausreichend freien Platz zum Schwimmen. An einigen Stellen erwarten sie jedoch auch dichtstehende Pflanzen, in denen sie Dekkung finden können. Auf dem engen

Raum, den auch große Aquarien im Vergleich zum Freiwasser darstellen, kann es leicht mit den Mitbewohnern zu Streitereien kommen. Dann ist es notwendig, daß sich Schwächere ungehindert zurückziehen können. Diesem Bedürfnis kommt nicht nur die Bepflanzung entgegen. Auch größere Steine und Wurzeln können dazu mit beitragen. Das Einrichtungsmaterial ist also mehr als nur Dekoration.

Wohin mit unserem Aquarium?

Man wünscht sich ein Aquarium, aber wo soll man es aufstellen? Die Beantwortung dieser Frage hängt von den jeweiligen häuslichen Gegebenheiten ab, aber einen Fehler sollten wir auf jeden Fall vermeiden. Das Aquarium sollte nicht auf das Fensterbrett gestellt werden! Hierfür gibt es vor allem zwei Gründe. Fische sehen im durchscheinenden Licht nicht besonders gut aus, und darauf käme es ja sicher heraus, wenn das Becken vor dem Fenster steht. Noch wichtiger ist aber das zweite Argument. Im Sommer erhält ein Fenster-Aquarium viel zu viel Licht. Dann ist eine Algenplage nur schwer zu vermeiden. Am günstigsten stände

unser Aquarium an der dunkelsten Stelle des Zimmers! Unsere künstliche Beleuchtung, auf die wir ohnehin nicht verzichten können, macht uns vom Tageslicht unabhängig. Je weniger Tageslicht in unser Aquarium gelangen kann, desto besser! Natürlich wirkt ein beleuchtetes Aquarium auf den Betrachter auch sehr viel besser, wenn es an einer dunklen Stelle steht.

Wo immer wir unser Aquarium hinstellen wollen — sei es auf den Schreibtisch oder auf einen speziellen Ständer an der Wand — wir sollten daran denken, daß wir gut erreichbare Steckdosen haben und daß man auch bequem in das Aquarium hineinfassen kann. Der letzte Punkt ist vor allem für die gelegentlich fällige Wartung wichtig. Wenn ein Aquarium auf einem Regal steht, sind zur Wartung oft doch böse Verrenkungen nötig! Wer vorhat, sein Aquarium in einem Regal unterzubringen, sollte auch an das Gewicht des eingerichteten Beckens denken! Ein 100-Liter-Aquarium wiegt eingerichtet 100 kg plus sein Leergewicht. Dabei sind Sand und Steine noch gar nicht einkalkuliert! Bei diesem Gewicht ist doch ein stabiler Tisch vorzuziehen!

Und noch ein letzter Gesichtspunkt. Wir wollen unser Aquarium so aufstellen, daß wir es bequem betrachten können. Es sollte beim Sitzen etwa in

Augenhöhe sein. Schon mancher Aquarianer hat das beim Aufstellen und Einrichten nicht bedacht!

Einrichtungsmaterial und Dekoration

Als Einrichtungsmaterial brauchen wir Sand oder Kies, ein paar Steine und eine dekorative Wurzel. Die Pflanzen sollen im folgenden Abschnitt gesondert behandelt werden.

Sand oder Kies brauchen wir als Bodengrund für unsere Pflanzen. Bei der Auswahl und Vorbereitung unseres Bodengrundes sollten wir überlegt vorgehen. Wenn wir keine Fehler machen, kann der Boden jahrelang in unserem Aquarium bleiben. Hüten wir uns vor der Verwendung von Gartenerde oder gedüngter Blumentopferde. Auch Seesand ist auf Grund seiner großen Kalkanteile denkbar schlecht geeignet. Reiner Sand oder Kies hat sich als am günstigsten erwiesen. Ich bevorzuge nicht zu hellen Feinkies mit einer Körnung von 1 bis 5 mm. Man bekommt ihn beim Zoohändler. Im Notfall kann man beim Baustoffhandel fragen oder den Kies sogar selbst aus Bächen oder Flüssen holen.

Bevor wir den Kies einbringen können, müssen wir ihn gründlich durchwaschen, um ihn auf diese Weise von organischen Bestandteilen und Lehmteilchen zu befreien. Wir waschen den Kies so lange, bis das darüberstehende Wasser klar bleibt. Auch wenn das manchmal eine recht langwierige Prozedur ist, sollte man gründlich sein. Jeder Aquarianer hat hier seine eigenen Methoden. Der eine rührt mit der Hand, der andere mit dem Holzlöffel, und wieder andere sieben den Sand unter fließendem Wasser durch. Wenn wir gründlich arbeiten, dauert es sicher eine Viertelstunde oder mehr, bis unser Sand sauber ist. Dann steigen nach dem Waschen keine grauen Wolken mehr auf, nur feinste Körnchen, die sich nach spätestens einer Minute wieder abgesetzt haben.

Wenn wir den Sand im Freien waschen können, haben wir es besonders einfach. Dann füllen wir einen Eimer zu etwa einem Viertel mit Kies und spülen und rühren so lange bei fließendem Wasser mit dem Gartenschlauch durch, bis wir unser Ziel erreicht haben.

Nicht nur Anfänger glauben, daß man einen solcherart gewaschenen Bodengrund nun unbedingt düngen müßte, denn auf nichts wächst ja bekanntlich nichts. Auf die Anfangsdüngung sollten wir dennoch auf jeden Fall verzichten. Unsere Pflanzen entziehen in der

ersten Zeit dem Aquarienwasser in ausreichendem Maße ihre Nährstoffe. Den Rest besorgt die Düngung durch die Ausscheidungen der Fische. Erfahrungsgemäß besteht bei neueingerichteten Aquarien nie die Gefahr von Nährstoffmangel für die Pflanzen, fast immer jedoch die Gefahr der Überdüngung. Eine starke Versorgung mit Pflanzennährstoffen kommt aber in diesem Stadium immer den Algen zugute. Dann überziehen Sand, Steine und Pflanzen sich im Aquarium oft schon wenige Tage nach der Neueinrichtung mit einem grünen, muffig riechenden Schleier aus Algen.

Als Steine für unser Aquarium eignet sich jedes kristalline Gestein wie Granit, Gneis, sehr gut aber auch Schiefer. Vor kalkhaltigen Steinen sollten wir uns hüten, denn es würde zu einer unerwünschten Aufhärtung unseres Aquarienwassers führen. Im Zweifelsfall kann man die Salzsäureprobe machen. Man gibt einige wenige Tropfen Salzsäure auf den zu testenden Stein. Wenn jetzt Schaum entsteht, enthält unser Stein Kalk und sollte nicht für unser Aquarium Verwendung finden. Wenn wir schon beim Bodengrund und beim Gestein aufpassen, uns keine Kalkbestandteile ins Aquarium zu holen, sollten wir vor allem auch nicht den Fehler begehen, unser Aquarium mit Muschel- oder Schneckenschalen zu dekorieren. Bei diesen Gehäusen handelt es sich um reinen Kalk!

Eine bizarr verzweigte Baumwurzel gibt unserem Aquarium erst die richtige Unterwasseratmosphäre. Nur selten werden wir das Glück haben, geeignete, gut gewässerte Wurzeln selbst im Moor zu finden. Die Zoohändler haben aber fast immer eine größere Auswahl an »Moorkienwurzeln«. Geben Sie beim Kauf acht, daß Sie sich nicht in der Größe verschätzen. Erfahrungsgemäß kauft man sich Moorkienwurzeln meist eine Nummer zu groß! Um unser Aquarium problemlos mit einer Moorkienwurzel einzurichten, müssen wir das Holz erst einmal wässern. Es dauert aber mehrere Tage, bis sich die Wurzel so mit Wasser vollgesogen hat, daß sie nicht mehr aufschwimmt und zu Boden sinkt. Wir können diesen Vorgang aber abkürzen, wenn wir die Wurzel in einem großen Kochtopf auskochen. Dann wird die Luft aus dem Holz ausgetrieben, und unsere Wurzel schwimmt nicht mehr auf.

Die Bepflanzung

Ein schön eingerichtetes Gesellschaftsaquarium ist für mich ohne Pflanzen

kaum denkbar. Sicher, es gibt Ausnahmen wie Seewasserbecken oder Aquarien für pflanzenfressende Fische. Von solchen Spezialaquarien sehen wir hier mal ab.

Pflanzen haben weit mehr als einen dekorativen Aspekt. Sie dienen unseren Fischen auch als willkommene Verstecke. Doch diese Aufgabe könnten Steine und Baumwurzeln noch besser übernehmen. Unsere Aquarienpflanzen tragen aber vor allem mit dazu bei, daß die Blaualgen im Aquarium nicht überhandnehmen. Blaualgen sind einfach gebaute, mikroskopisch kleine Pflanzen, die man als Einzelpflanze nur bei starker Vergrößerung erkennen kann. Unter bestimmten Umständen treten sie aber in solchen Mengen auf, daß sie unsere ganze Einrichtung mit einem häßlichen giftgrünen oder bräunlichen Schleier überziehen. Wirklich blau sehen sie trotz ihres Namens nie aus. Solche Algenplagen sind der Grund dafür, daß so mancher Jungaquarianer aufgegeben hat. Hundertprozentige Rezepte gegen die Veralgung gibt es leider nicht. Es ist vielmehr so, daß in geringen Mengen jedes Aquarium Algen hat. Eine reichliche Bepflanzung mit höheren Pflanzen, also den eigentlichen Aquarienpflanzen, verhindert ein Überhandnehmen der Algen ganz wesentlich. Höhere Pflanzen und Algen, speziell Blaualgen, sind gewissermaßen Konkurrenten. Wo die höheren Pflanzen wachsen, können Algen nur schlecht existieren, wo andererseits Algen überhandgenommen haben, bestehen für die eigentlichen Aquarienpflanzen nur schlechte Lebensmöglichkeiten. Wenn wir diese Konkurrenz der beiden Pflanzengruppen zugunsten unserer höheren Pflanzen bei Einrichtung und Pflege berücksichtigen, werden wir mit Algenplagen kaum Probleme bekommen.

Gerade bei der Ersteinrichtung ist es wichtig, möglichst viele Aquarienpflanzen einzubringen. Je mehr höhere Pflanzen im Aquarium sind, desto besser! Für den Anfang nehmen wir besonders schnellwüchsige Pflanzen. Gerade sie sorgen durch ihren hohen Nährstoffverbrauch dafür, daß den Algen für ihr Wachstum nichts mehr übrigbleibt. Sie haben aber noch den weiteren Vorteil, daß sie recht billig zu haben sind. Später, wenn unser Aquarium nach einigen Wochen »eingefahren« ist, können wir einen Teil dieser Pflanzen durch anspruchsvollere und teilweise dekorativere Arten ersetzen. Unter den Wasserpflanzen kann man die im Boden wurzelnden und die schwimmenden Pflanzen unterscheiden. Schwimmpflanzen sind nicht immer im Aquarium erwünscht. Schließlich nehmen sie den unter ihnen wach-

senden Pflanzen das für ihr Gedeihen so notwendige Licht. Dennoch sind sie teilweise sehr dekorativ. Auch die Fische lieben Schwimmpflanzen zumeist, denn sie geben ihnen das Gefühl von Deckung. Im Freiwasser wären sie ja auch tatsächlich unter Schwimmpflanzendecken weit sicherer gegen viele ihrer Feinde als bei unbedeckter Wasserfläche. Einige Fische legen sogar ihre Nester zwischen Schwimmpflanzen an. Auch manchen Jungfischen gewähren sie Schutz und Zuflucht.

Besonders empfehlenswerte Schwimmpflanzen sind die Hornfarne und die Sumatrafarne. Sie haben große Blätter und eine malerisch ausgefranste, zu Boden hängende Wurzel. So weich die Blätter aussehen, so wenig sind sie in Gefahr, von Fischen oder Schnecken angefressen zu werden. Diese Farne vermehren sich ohne unser Zutun durch Tochterpflanzen an den Blättern. Dennoch vermehren sie sich nicht so stark, daß sie uns lästig werden. Solche Schwimmpflanzen gibt es auch! Denken wir aber trotzdem daran, diese Farne kurzzuhalten. Auch wenn es uns schwerfällt, diese kräftigen Pflanzen wegzuwerfen; im Interesse der am Boden stehenden Pflanzen muß das sein.

Die am Boden wachsenden Pflanzen können wir in zwei Gruppen einteilen, in Stengelpflanzen und in Grundständige Pflanzen. Bei den Stengelpflanzen entspringen die Blätter an einem meist nach oben weisenden Stiel. Die Grundständigen Pflanzen haben dagegen keinen Stiel. Ihre Blätter entspringen rosettenartig alle an einer Stelle.

Beim Pflanzen müssen wir darauf achten, daß der Blattursprung, das sogenannte Herz der Grundständigen Pflanzen, nicht in den Boden kommt. Am besten setzen wir die Pflanzen so in den Bodengrund, daß der oberste Wurzelansatz gerade noch herausschaut. Einmal verschüttete Pflanzen haben oft keine Chance mehr, ihre zarten Blätter aus dem Boden herauszubekommen.

Dieses Problem besteht bei Stengelpflanzen natürlich nicht. Wenn der Stengel an seinem unteren Teil unschön kahl aussieht, kann er ohne Bedenken gekürzt werden. Auf die Wurzeln braucht man keine Rücksicht zu nehmen, im Gegenteil, es ist gut, wenn wir einen großen Teil der Wurzeln vor dem Pflanzen abknipsen. Die Pflanzen können sie ohnehin nicht mehr brauchen. Sie sterben ab, und die Pflanze bildet neue Wurzeln. Bei der Neubildung der Würzelchen können verbliebene alte durch die Bildung von Faulstellen im Boden schaden. Dieses Problem besteht natürlich auch

bei den Grundständigen Pflanzen. Auch hier sollten wir einen Teil der Wurzeln entfernen, in der Regel kürzen wir etwa auf die halbe Länge ein. Bei sehr kurzen Wurzeln wird man allerdings darauf verzichten, denn sonst wird es schwierig, die Pflanzen gut im Boden zu verankern.

Auch in der Vermehrung unterscheiden sich die beiden Pflanzengruppen. Mit Hilfe von Samen wird man die Aquarienpflanzen nur ausnahmsweise vermehren können. In der Regel geschieht die Vermehrung durch Ausläufer bei den Grundständigen Pflanzen und durch Abknipsen der Seitensprosse bei den Sproßpflanzen. Letzteres ist besonders einfach. Aus jedem in den Boden eingesetzten Seitensproß wächst — ausreichende Beleuchtung vorausgesetzt — wieder eine neue Sproßpflanze heran. Verbleibt die Mutterpflanze im Boden, bildet sie nach einigen Tagen oder Wochen wieder neue Seitensprosse.

Die Ausläuferbildung der Grundständigen Pflanzen erfolgt selten so schnell, bei manchen Arten wartet man auch vergeblich darauf. Bei anderen Arten muß man die weit ins Wasser hinausgestreckten Ausläufer in den Boden drücken und dann mit einem Stein beschweren, damit das Adventivpflänzchen Fuß fassen kann. Andere vermehren sich auch mit unterirdi-

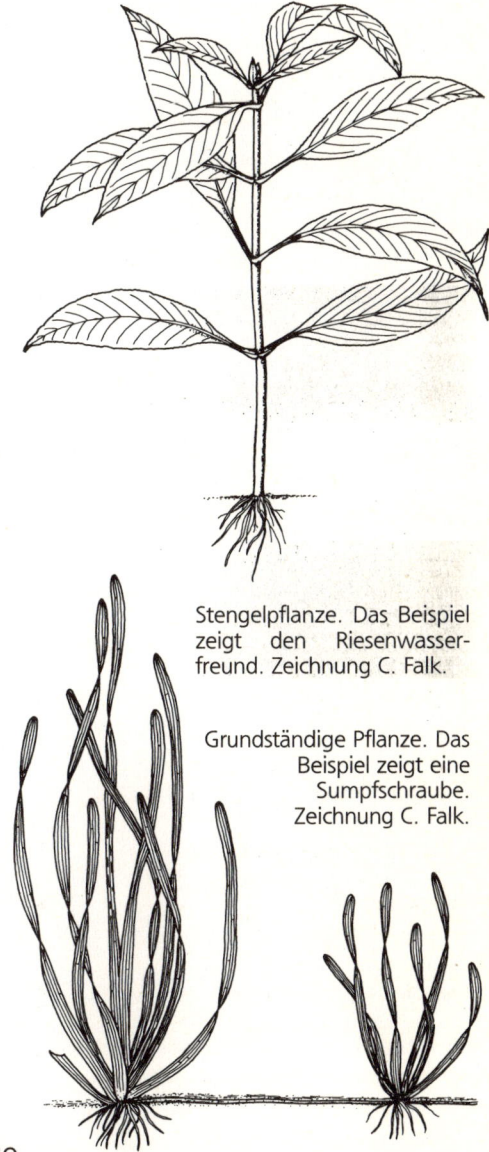

Stengelpflanze. Das Beispiel zeigt den Riesenwasserfreund. Zeichnung C. Falk.

Grundständige Pflanze. Das Beispiel zeigt eine Sumpfschraube. Zeichnung C. Falk.

19

Die Vermehrung bei einer Amazonasschwert-pflanze erfolgt durch Verankerung eines Able-gers. Zeichnung C. Falk.

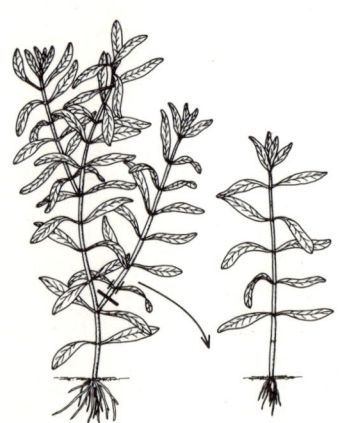

Die Vermehrung bei einer Stengelpflanze erfolgt durch einfaches Abtrennen und Einpflanzen von Seitensprossen. Dabei knipsen wir auch das untere Blattpaar des Ablegers ab. Zeichnung C. Falk.

schen Ausläufern. Dann entsteht irgendwo neben der Mutterpflanze eine Tochterpflanze. Besonders Vallisnerien und Cryptocorynen sind Meister dieser Vermehrung. Hüten wir uns, die Tochterpflanzen zu früh abzutrennen. Im Normalfall ist es nicht nötig und auch nicht sinnvoll, solche Ausläufer abzutrennen. Auch beim Verpflanzen sollte man die Tochterpflanzen so weit es geht zusammenlassen.

Welche Pflanzen für unser Aquarium besonders geeignet sind, wird auf S. 45 behandelt.

Wie man das Aquarium einrichtet

Bei der Einrichtung eines Aquariums sollten wir zweckmäßigerweise möglichst eine bestimmte Reihenfolge einhalten. Ich habe sie stichwortartig auf Seite 27 aufgelistet, damit man da jederzeit schnell nachschlagen kann. Hier aber zunächst in der notwendigen Ausführlichkeit!

Zunächst müssen wir einen geeigneten Standort für unser Aquarium finden. Auf S. 12 habe ich das Wesentliche dazu gesagt. Wichtig ist, daß nicht zu viel Tageslicht in unser Aquarium fällt.

Spätestens jetzt müssen wir uns darüber klarwerden, welche Fische wir pflegen wollen. Davon ist nämlich unsere Aquarieneinrichtung abhängig. Vernünftigerweise werden wir uns die Fische anschaffen, die bei unseren Wasserverhältnissen am besten gedeihen. Dabei ist die Gesamthärte des Wassers von entscheidender Wichtigkeit. Die Gesamthärte — oft kurz als Härte bezeichnet — gibt an, wieviel Kalzium- und Magnesiumsalze in unserem Wasser gelöst sind. Jeder Zoohändler an Ihrem Heimatort kann darüber Auskunft geben. Sonst genügt auch ein Anruf beim zuständigen Wasserwerk.

Wenn wir ein schön bepflanztes Gesellschaftsaquarium mit vielen bunten Fischen haben wollen, können wir nur hoffen, daß das Wasser nicht allzu hart ist. Eine Wasserhärte von mehr als 20° dGH (deutsche Gesamthärte) ist für die meisten tropischen Fische nicht mehr gut geeignet. Hierfür würde ich dann einen gesonderten Fischbesatz vorschlagen (Hartwasserfische, vgl. S. 50). Wenn das Wasser weicher ist, dann sollten wir es lieber mit den auf S. 49 vorgeschlagenen Fischen versuchen. In beiden Fällen können wir den Pflanzplan von S. 45 verwenden.

Als nächstes werden wir unser Aquarium auf seine Dichtigkeit überprüfen. Normalerweise ist ein gerade gekauftes Aquarium natürlich wasserdicht, aber gelegentlich passieren auch solche Pannen. Nichts ist unangenehmer, als wenn ein mit viel Liebe und Sorgfalt eingerichtetes Aquarium leckt. Ich habe entsprechende Erfahrungen gemacht und verzichte seither niemals auf einen derartigen Test.

Können Sie sich vorstellen, wie ein schön eingerichtetes Aquarium auf den Betrachter wirkt, wenn man hinter der rückwärtigen Scheibe eine bunte Blümchentapete hervorschauen sieht? Nicht nur in solchen Fällen macht es sich gut, wenn man zwischen der hinteren Aquarienscheibe und der Tapete eine spezielle Aquarien-Rückwand anbringt. Die Zoohändler haben eine Auswahl der verschiedensten Rückwände. Hier kommt es jetzt ganz auf den eigenen Geschmack an. Natürlich kann man sich Rückwände auch selbst basteln, indem man z. B. trockene Gräser, Torfteilchen oder Kies auf eine Pappwand klebt oder sie mit Farbe bemalt. Hier sind der Phantasie keine Grenzen gesetzt.

Wenn die Rückwand aufgestellt ist, kann das Aquarium endlich an seinen Platz. Wir sollten es aber nicht ohne nachgiebige Unterlage aufstellen. Zu leicht kommt es zu Spannungen und dadurch möglicherweise vorzeitig zu Lecks. Wir schneiden uns eine Filz-

oder Styropor-Unterlage in der richtigen Größe zurecht, notfalls genügt auch eine Unterlage aus dicker Pappe. Nun geht es an das Kieswaschen! Wie man das am einfachsten erledigt, habe ich bereits auf S. 13 gezeigt. Auch die Steine werden kurz mit der Bürste abgeschrubbt. Wenn' die zuerst ins Becken eingebrachte Kiesschicht nicht ganz »sauber« ist, dann ist das nicht so schlimm. Im Gegenteil, die Pflanzen profitieren sicher von den noch verbliebenen Lehmresten. Und wenn wir nachher beim Einpflanzen vorsichtig sind, wird es nicht zur Wassertrübung kommen, denn wir decken die erste Kiesschicht mit einer sorgfältig ausgewaschenen Schicht ab. Wenn wir das Wasser einfüllen, sollte der Kies also möglichst nicht wieder aufgewirbelt werden. Wir decken den Boden des Aquariums mit zwei oder drei Lagen Zeitungen ab und geben nun vorsichtig Wasser hinzu. Das Wasser sollte bereits angewärmt sein, also lauwarm bis handwarm. Am einfachsten geschieht das Auffüllen mit einem Wasserschlauch. Der Schlauch sollte durchsichtig und mindestens 2 Meter lang sein und einen Durchmesser von etwa 1 cm haben.

Wir können am Ausflußende des Schlauchs auch eine der für Patronenfilter gebrauchten Schwammpatronen anbringen. Dadurch wird der Wasserausfluß verteilt und ein Aufwirbeln des Bodengrundes weitgehend vermieden. Normalerweise reicht aber auch die Zeitungslage.

Wenn unser Schlauch lang genug ist und bis zum Badezimmer reicht, können wir ihn dort mit einer Normverschraubung direkt anschließen und so das — temperierte! — Wasser direkt ins Aquarium leiten. Andernfalls benutzt man einen Wassereimer. Wir brauchen das Wasser nicht direkt hineinzugießen. Auch aus dem Eimer können wir es mit dem Schlauch gemäßigt einfließen lassen. Dazu muß der Eimer aber höher gestellt werden als unser Aquarium. Der Schlauch wird nun auf den Grund des gefüllten Eimers geführt, dort in dieser Lage belassen, und am anderen Ende wird jetzt mit dem Mund angesaugt. Sobald das Wasser ein kurzes Stück vor dem Mund steht, halten wir den Schlauch mit dem Daumen zu und öffnen ihn erst wieder, wenn sich die Schlauchöffnung über unserem Becken befindet. Wenn man kräftig ansaugt, leert sich der Eimer auf diese Weise bis zum Grund. Wohl jeder Aquarianer hat bei dieser Methode anfangs sein Lehrgeld gezahlt, indem er Wasser in den Mund bekommen hat, aber niemand will auf diese Methode verzichten. Auf die gleiche Weise kann man nämlich auch aus dem

Aquarium Wasser entnehmen, wenn man den Eimer entsprechend tiefer stellt. Wenn unser Aquarium etwa bis zur Hälfte mit Wasser gefüllt ist, stoppen wir den Wasserzulauf und nehmen die Zeitungen heraus. Jetzt wird erst einmal gepflanzt.

Unserem Pflanzplan entsprechend haben wir uns mit Aquarienpflanzen eingedeckt. Beim Pflanzen vergessen wir nicht, die Wurzeln entsprechend der auf S. 16 angegebenen Richtlinien zu kappen. Und denken wir daran, unsere Grundständigen Pflanzen nicht zu tief in den Boden zu bringen! Besonders beim Pflanzen der Stengelpflanzen gilt es, die oft zarten Stengel nicht zu zerquetschen. Wenn wir die Stielchen einfach mit dem Daumen in den Bodengrund drücken, kann das leicht geschehen. Machen wir es besser! Wir bohren mit dem Finger eine kleine Pflanzgrube in den Grund, stellen den Stengel hinein und schieben die Grube von den Seiten her wieder zu. Wir pflanzen also genau so, wie wir es im Garten auch tun würden. Es geht hier unter Wasser nur viel einfacher.

Problemlos kann man so Wasser aus einem erhöht stehenden Eimer in das Aquarium einfüllen. Damit der Bodengrund (B) nicht zu stark aufgewühlt wird, decken wir ihn mit einer Zeitung (Z) ab und leiten den Wasserstrahl zunächst in eine Schüssel (S). Zeichnung W. Weiss.

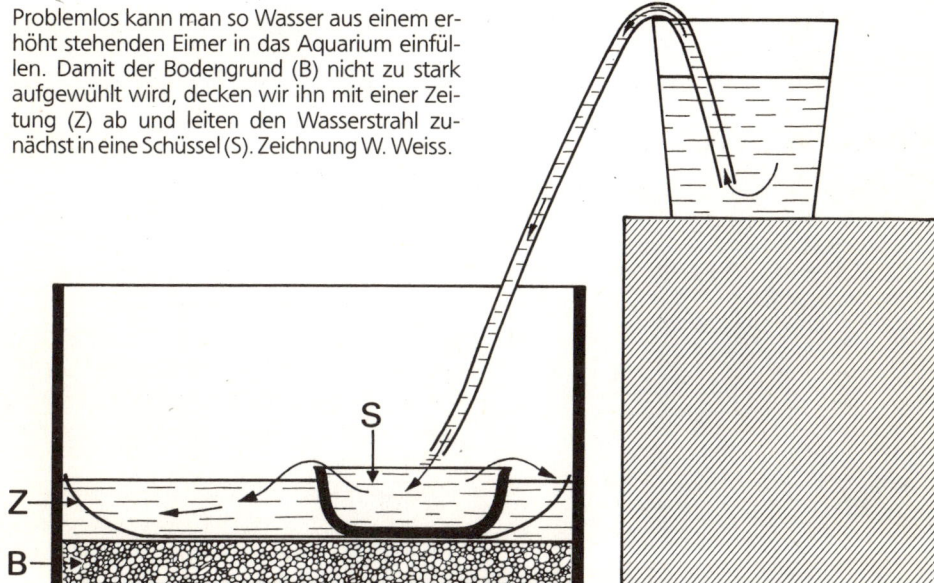

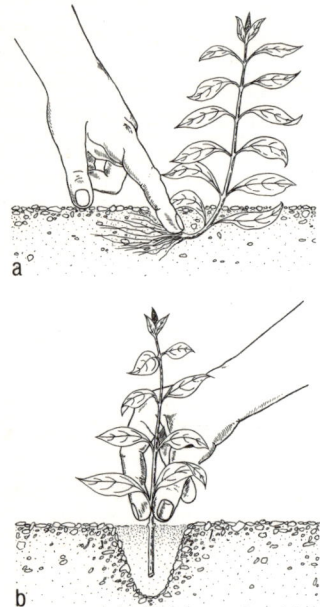

Stengelpflanzen werden nicht einfach in den Boden gedrückt (a)! Man setzt sie in ein vorgebohrtes Pflanzloch ein (b), das dann seitlich angedrückt wird. Wurzeln und Blätter sollen beim Pflanzen nicht in den Boden kommen. Grundständige Pflanzen (c) dürfen nicht zu tief in den Boden gepflanzt werden. Die Wurzelansatzstellen sollten nur gerade noch bedeckt sein. Zeichnung W. Weiss.

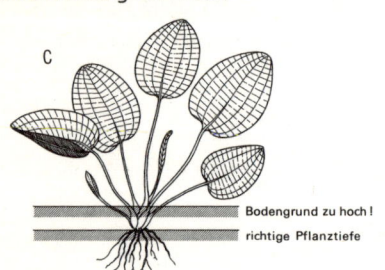

Sind alle Pflanzen im Boden? Dann wird das Aquarium jetzt endgültig gefüllt. Wie man das macht, ohne wieder alles aufzuwühlen, habe ich oben gerade beschrieben. Also die Zeitung nicht vergessen! Und nehmen wir gleich richtig temperiertes Wasser! Unser Wasser wird also bereits im Eimer so gemischt, daß die Temperatur letztlich bei 23 bis 28° C ist. Vermeiden Sie den Fehler, zu kühle Temperaturen im Aquarium direkt durch etwas Zugabe von Heißwasser zu korrigieren! Das ist die beste Methode, Aquarienscheiben zum Springen zu bringen! Am besten ist es, wenn wir am Schluß des Wassereinfüllens genau die Temperatur erreicht haben, die wir brauchen. Wer nach unserer Besatzliste S. 49 geht, braucht 25° C. Allerdings kommt es da auf ein Grad mehr oder weniger nicht an.

Leicht geschieht es, daß beim Wassereinfüllen trotz aller Vorsichtsmaßnahmen einzelne Pflanzen wieder herausgerissen werden und nun aufschwimmen. Wir pflanzen sie jetzt sorgfältig wieder ein und können bei der Gelegenheit gleich die oft noch zu Boden gedrückten anderen Pflanzen wieder aufrichten.

Was jetzt kommt, wird manchem wie mittelalterliche Alchimie vorkommen. Ich schlage nämlich vor, das Aquarium zu »impfen«. Warum ich das vorschla-

ge und was ich darunter verstehe, will ich gleich ausführlicher erklären. Hier nur so viel: Man sollte dafür sorgen, daß im Bodengrund unseres Aquariums Lebewesen angesiedelt werden. Das sind zum einen Turmdeckelschnecken, zum anderen Bodenbakterien. Beide sorgen dafür, daß unser Aquarium lange Zeit schön aussieht und »funktioniert«. Am besten lesen Sie anschließend gleich mal auf S. 27 nach. Hier würde es jetzt den Rahmen sprengen.

Nun ist unser Aquarium fast fertig eingerichtet! Wenn wir noch Schwimmpflanzen einsetzen wollen, ist es jetzt Zeit dafür. Das Thermometer, das wir inzwischen bereits mehrfach gebraucht haben, wird jetzt an einer Aquarienwand befestigt. Mit dem Kauf des Thermometers haben wir vermutlich einen Saughalter mitbekommen. Mit seiner Hilfe wird das Thermometer an einer Aquarienwand befestigt, am besten an einer Seitenwand, wo es den harmonischen Gesamteindruck unseres Aquariums nicht stört, wo wir es aber doch ohne Schwierigkeiten immer wieder ablesen können.

Nun schließen wir auch unseren Filter endgültig an und nehmen ihn in Betrieb. Beim Kauf haben wir mit Sicherheit eine genaue Betriebsanleitung für unseren Filter bekommen. Es gibt so viele verschiedene Filtertypen und Fabrikate, daß es unmöglich ist, darauf hier im einzelnen einzugehen. Gerade die praktischen motorbetriebenen Innenfilter mit Schaumstoffpatrone sind aber kinderleicht anzubringen und völlig problemlos im Betrieb.

Nun wird die Heizung installiert. Unseren Regelheizer haben wir wie den Filter so untergebracht, daß er dem Betrachter später nicht störend ins Auge fällt. Er ist also durch Pflanzen oder andere Einrichtungsgegenstände schön getarnt. Was sagt das Thermometer? Stimmt unsere Wassertemperatur? Wenn ja, ist jetzt alles sehr einfach. Unser Regelheizer war jetzt sicher schon etwa 10 Minuten im Wasser. Er sollte in senkrechter Lage installiert sein, und der Einstellknopf sollte aus dem Wasser herausragen. Im Zweifelsfall immer die Gebrauchsanweisung durchlesen! Jetzt, nachdem der Regler langsam die Temperatur des Wassers angenommen hat, können wir ihn an das Stromnetz anschließen. Jeder Regler hat ein Glimmlicht, das uns anzeigt, ob das Gerät gerade heizt oder nicht. Leider ist dieses aber nicht bei allen Fabrikaten einheitlich. Bei einigen Geräten brennt das Lämpchen, wenn der Regelheizer gerade heizt, bei anderen, wenn er gerade nicht heizt. Wie dem auch sei, wenn unsere Wassertemperatur stimmt, ist das ganz egal. Wir

stellen den Regler am Drehknopf genau auf den Punkt, an dem das Lämpchen gerade an- oder ausgeht. Es ist gleich, ob es jetzt gerade brennt oder nicht, unser Regler wird jetzt die vorhandene Temperatur beibehalten. Wer die gewünschte Wassertemperatur jetzt noch verändern muß, kann das natürlich immer noch tun. Hierzu muß er aber die Gebrauchsanleitung seines Regelheizers studieren. Normalerweise ist es so, daß eine volle Drehung des Einstellknopfes im Uhrzeigersinn die Temperatur um 1 bis 4° C erhöht, in der anderen Drehrichtung entsprechend vermindert.

Unser Aquarium ist jetzt fertig eingerichtet. Jetzt ist die Versuchung groß, gleich Fische einzusetzen und die Aquarienbeleuchtung anzuschalten. Ich weiß das, dennoch sollten wir Geduld üben. Natürlich können wir mal für 10 Minuten die Beleuchtung anschalten und uns alles in Ruhe ansehen. Wir können sogar schon die ersten Fische einsetzen. Alle lebendgebärenden Zahnkarpfen wie Guppies, Platies oder Schwertträger können wir, soweit sie zu unserem Besetzungsplan passen, schon jetzt ins Aquarium bringen. Mit den anderen Fischen sollten wir aber noch warten. Auch füttern sollten wir unsere Neuankömmlinge noch nicht. Denken Sie

nicht, das sei grausam! Unsere Tropenfische sind von Natur aus darauf eingerichtet, gelegentlich auch längere Zeit zu fasten. Auch finden sie an den Pflanzen immer wieder absterbende Reste und aufwachsende Algen, die sie gern abweiden werden. Gerade Zahnkarpfen fressen gern solche pflanzliche Nahrung. Und das ist schließlich der Sinn der Sache. Sie helfen uns auf diese Weise, daß keine Algen aufkommen. Aus demselben Grund wollen wir zunächst auch noch kein Licht ins Becken geben. Das käme nämlich zunächst nur den Algen zugute. Die höheren Pflanzen, die jetzt ihre Wurzeln neu bilden und mit dem Anwachsen beschäftigt sind, leben in dieser Zeit von ihrer Substanz, brauchen also kein Licht. Wer ungeduldig ist, schon jetzt seinen endgültigen Fischbesatz vornimmt, schon jetzt voll seine Beleuchtung einsetzt und die Fische füttert, kann Glück haben. Vielleicht geht alles gut! Er darf sich aber nicht wundern, wenn seine Aquarieneinrichtung bald von einem häßlichen grünen Algenschleier überzogen ist und wenn die höheren Pflanzen nicht richtig wachsen wollen. Sicherer ist es, man geduldet sich noch etwa 5 Tage. Dann können alle Fische eingesetzt werden, und die Lichtanlage kann in Betrieb genommen werden!

Einrichtung

Aquarieneinrichtung in Stichworten

- Standort auswählen
- Besetzungsliste und Pflanzplan aufstellen
- Aquarium auf Dichtigkeit überprüfen
- Aquarienrückwand aufstellen
- Unterlage (Filz, Styropor, Pappe) nicht vergessen
- Kies und Steine waschen
- Kies und Steine einfüllen
- Handwarmes Wasser vorsichtig bis etwa zur Hälfte einfüllen
- Regelheizer und Filter anbringen, aber noch nicht anschließen!
- Bodenpflanzen entsprechend Pflanzplan einbringen
- Thermometer anbringen
- Mit Wasser vorsichtig auffüllen, dabei auf Temperatur achten

- Pflanzen wo notwendig aufrichten, aufschwimmende Pflanzen wieder in den Boden setzen
- Wenn möglich, Aquarium »impfen« und Turmdeckelschnecken einbringen
- Schwimmpflanze einbringen
- Filter in Betrieb nehmen
- Regelheizer anschließen
- Aquarium abdecken
- Zunächst noch keine Fische oder nur einige wenige Lebendgebärende Zahnkarpfen einsetzen, Aquarienbeleuchtung noch nicht einschalten. Nach etwa 5 Tagen Licht einschalten und geplanten Fischbesatz vornehmen.

Was man auch noch wissen sollte!

Haben Sie sich gewundert, daß ich im vorhergehenden Kapitel empfohlen hatte, ein neu eingerichtetes Aquarium zu »impfen«? Ich will den Sinn dieser Maßnahme hier ausführlicher erklären.

In jedem Boden, sei es im Garten, sei es im gut funktionierenden Aquarium, leben Milliarden Lebewesen, vor allem Unmengen von Bakterien. Diese Kleinstlebewesen sind alles andere als schädlich. Im Gegenteil, ohne Bodenbakterien ist höheres Leben undenkbar. Daher kann auch ein Aquarienbesatz ohne Bodenbakterien nur kurzfristig existieren. Entweder geht die ganze Lebensgemeinschaft zugrunde und wird durch einen Algenfilz

ersetzt, oder es bildet sich langsam doch eine Bakteriengesellschaft. Die kann aber nicht aus dem Nichts entstehen. In einem solchen Fall stammen die Bodenbakterien von wenigen, mit den Pflanzenwurzeln ins Aquarium gebrachten »Kolonisten« ab. Das kann lange dauern, und in der Zwischenzeit kann viel passieren. Das »Impfen« soll gezielt eine größere Zahl von Bodenbakterien ins Becken bringen und damit die schwierige Startphase abkürzen helfen. Ein gut mit einer derartigen Mikroflora ausgestattetes Aquarium nennt man »eingefahren«. In einem eingefahrenen Aquarium werden die giftigen Stoffwechselprodukte der Pflanzen und Tiere durch die Tätigkeit der Bodenbakterien zu weniger schädlichen Stoffen abgebaut. Mit unserem regelmäßigen Teilwasserwechsel werden auch diese auf ein erträgliches Maß begrenzt.

Woher bekommt man nun die gewünschten Bakterien? Wenn wir schon ein eingefahrenes Becken haben, ist das natürlich kein Problem. Wir nehmen einige Hände Bodengrund aus diesem Aquarium und tauschen es gegen unseren frischen Bodengrund aus. Das schadet nicht dem alten Becken und nützt mit Sicherheit unserem neueingerichteten. Wenn wir unser Becken irgendwann mal wieder neu einrichten wollen, werden wir auch nicht den alten Bodengrund wegwerfen. Wir werden ihn zwar gründlich durchwaschen, um ihn so von Schmutzteilchen zu befreien, aber wir hüten uns, den Boden mit heißem Wasser zu behandeln! Wenn wir einen Aquarienboden in kaltem oder lauem Wasser auswaschen, bleiben noch ausreichend Bodenbakterien übrig.

Notfalls können wir auch noch auf eine andere Weise unser Aquarium »impfen«. Dazu schwemmen wir etwas Gartenerde — aber bitte nicht frischgedüngte! — in einem Topf auf, lassen alles einige Minuten stehen und gießen dann das über der Erde stehende, klare oder nur leicht getrübte Wasser in unser Aquarium. So oder so, es dauert oft mehrere Wochen, bis sich ein optimal zusammengesetztes Bakterienleben in unserem Aquarienboden gebildet hat.

Reine Gartenerde sollten wir auf keinen Fall in unser Aquarium geben, da sich dann sehr leicht Faulstellen bilden. Wie jeder Boden sollte auch ein Aquarienboden locker sein, damit mit dem frischen Wasser auch Sauerstoff an die Wurzeln kommen kann. Im anderen Fall würden die Wurzeln absterben. Dies ist der Grund dafür, daß man keinen zu feinen Sand für das Aquarium nehmen sollte, sondern besser feinen bis mittelfeinen Kies. Zu grober Kies

wäre auch wieder ungünstig. Im Gartenboden übernehmen die Regenwürmer die Aufgabe, den Boden ständig zu lockern und umzuschichten. Die Regenwürmer unseres Aquariums sind Malaiische Turmdeckelschnecken *(Melanoides tuberculata)*. Auch sie leben im Boden und sorgen durch ihre Tätigkeit dafür, daß hier keine Faulstellen auftreten können. Sie verzehren abgestorbene organische Teilchen, lassen die gesunden Pflanzenwurzeln aber völlig in Ruhe. Nachts kommen sie gelegentlich auch aus dem Boden heraus.

Die anderen Schnecken sind für unser Aquarium entweder ohne Bedeutung oder sogar schädlich. Ihre Rolle als Algenfresser wird immer überschätzt. Während die Posthornschnecke auch in größerer Anzahl kaum Schaden anrichtet, sollten wir uns vor dem Einschleppen der einheimischen Spitzschlammschnecken *(Lymnaea stagnalis)* hüten. Es sind arge Pflanzenfresser. Wir müssen sie absammeln, wenn wir unseren Pflanzenbestand retten wollen. Nehmen wir zur Schneckenbekämpfung aber keine Chemikalien! Der angerichtete Schaden unter den Pflanzen könnte größer sein als der Nutzen.

Noch ein paar Worte zur Düngung und zu Mitteln, die das Wasser aufbessern sollen. Unsere Aquarienpflanzen leben in ihrer Heimat in so mineralarmem Wasser, wie es bei uns nur künstlich hergestellt werden kann. Sie sind also darauf eingerichtet, mit sehr wenig Mineralsalzen auszukommen. Wer klug ist, wird versuchen, zunächst ganz ohne Dünger auszukommen. Mit dem Wasser, das beim Teilwasserwechsel hinzukommt, werden regelmäßig ausreichende Mineralsalzgaben zugeführt. Auf keinen Fall sollte man bei der Neueinrichtung düngen! Der Dünger käme zunächst nur den Algen zugute! Wichtig ist es zu wissen, daß die Bestandteile des Normaldün-

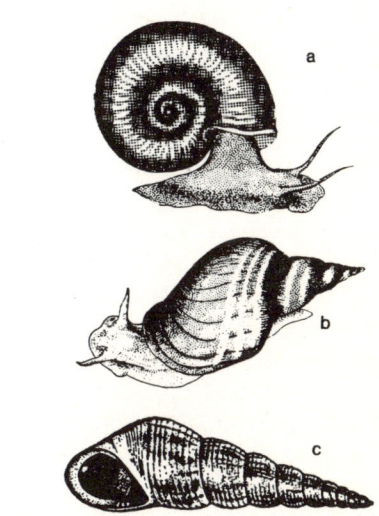

a Posthornschnecke, **b** Spitzschlammschnecke, **c** Turmdeckelschnecke. Zeichnung Archiv.

gers (für Garten- oder Topfpflanzen) Stickstoff in großen Mengen enthalten. Stickstoff ist als Abfallprodukt der Tiere aber in jedem Aquarium schon im Übermaß vorhanden. Wir dürfen ihn nicht noch mit Dünger in unser Aquarium hereinholen. Aus diesem Grunde enthält Spezialdünger für Aquarienpflanzen auch keinen Stickstoff, auch Phosphor sollte er nicht enthalten. Merken wir uns trotzdem, lieber nicht düngen als zuviel!

Wenn unsere Pflanzen weißlich blasse Blätter bekommen, könnte Eisenmangel in unserem Aquarium herrschen. Dann sollte man eine Ausnahme machen und speziellen Eisendünger besorgen. Wer seinen Pflanzen einen besonders guten Dienst erweisen möchte, kann ihnen neben hohen Lichtgaben auch noch Kohlensäure hinzugeben. Diese Kohlensäuredüngung ist eine wirkungsvolle Maßnahme, das Pflanzenwachstum zu steigern. Wer Wert auf ein besonders schönes Pflanzenaquarium legt, sollte sich überlegen, ob er sich nicht eines der vielen im Handel angebotenen Geräte zur CO_2-Düngung anschafft.

Im Handel werden auch verschiedene Geräte und Medikamente zur Aufbesserung des Aquarienwassers angeboten. Unser Aquarienwasser ist meist nicht mit dem aus der Heimat unserer Aquarienbewohner zu vergleichen.

Vor allem ist es oft zu hart und zu wenig sauer. Das ist aber von Ort zu Ort sehr verschieden. Zu hartes Wasser kann man leicht durch Vermischung mit demineralisiertem Wasser aufbereiten. Geräte für eine derartige Wasseraufbesserung sind aber teuer. Gechlortes Wasser sollte man natürlich nicht für das Aquarium nehmen. Wenn man es aber einige Stunden abstehen läßt (z. B. in einer Badewanne), hat sich das Chlor von selbst verflüchtigt. Chemische Wasseraufbereitungsmittel sind nur in wenigen Regionen nötig.

Zum Schluß will ich noch einen Fehler ansprechen, der bei Anfängern immer wieder vorkommt. Ich hatte zwar schon darauf hingewiesen, daß unsere Pflanzen täglich ihre 12 bis 14 Stunden Licht bekommen müssen. Sie brauchen das für ihr Wachstum. Ich will aber nochmals nachdrücklich darauf hinweisen. Zu leicht glaubt man, das Licht sei nur für den Betrachter da und stellt die Beleuchtung erst am Abend an. Am besten besorgt man sich eine elektrische Schaltuhr. Sie ist nicht teuer und sorgt dafür, daß unser Licht automatisch ein- und ausgeschaltet wird. Die Pflanzen, aber auch die Fische profitieren von dieser Regelmäßigkeit. Am besten schaltet man das Licht spät am Abend aus und dann 11 Stunden später im Lauf des Vormittags oder

gegen Mittag wieder ein. Dann hat man auch noch am späten Abend etwas von seinen Fischen.

Wir kaufen Fische

Fischkauf ist Vertrauenssache. Der Anfänger kann weder die Gesundheit noch die Eignung der Fische für sein Aquarium beurteilen. Hier muß man sich auf seinen Zoohändler verlassen. Auch bei der Zusammenstellung von Paaren ist er gern behilflich — jedenfalls soweit es möglich ist.

Grundsätzlich sollte man nicht einfach auf »gut Glück« kaufen. Wir haben für die Tiere eine Verantwortung, selbst wenn sie vielleicht nur Pfennige kosten. Es gibt viele Fische, die sehr groß werden, andere sind sehr unverträglich oder würden unsere Pflanzen fressen. Als Nichtfachmann kann man das den Tieren nicht ansehen. Wir sollten uns vor dem Kauf über die Bedürfnisse der von uns ausgewählten Fische informieren!

Die aus dem Händlerbecken herausgefangenen Fische werden in Plastikbeuteln sorgsam verpackt. Wir brauchen nicht zu befürchten, daß die nun in wasserdichten Beuteln untergebrachten Fische ersticken könnten.

Achten wir aber darauf, daß der Beutel beim Transport nicht zu stark gedrückt wird und er nicht zu stark auskühlt. Ein in Zeitungspapier eingeschlagener Beutel hält aber selbst im Winter mindestens eine Stunde eine ausreichend hohe Temperatur. Im Sommer kann man die Fische meist sogar 24 Stunden im Beutel belassen. Es versteht sich, daß wir dieses nur ausnahmsweise machen, z. B. wenn wir die Tiere von weiter her holen müssen!

Daheim angekommen, werden die Fische so bald wie möglich in das Aquarium gesetzt. Bedenken wir aber, daß die Tiere sich jetzt nicht nur an ein anderes Aquarium und an andere Gesellschaft gewöhnen müssen! Auch die Wassertemperatur und die Wasserzusammensetzung in unserem Aquarium ist mit größter Wahrscheinlichkeit eine andere als die im Beutel. Am besten legen wir den noch geschlossenen Beutel direkt auf die Wasseroberfläche unseres Aquariums. Hier kann sich nun im Verlauf der nächsten 15 Minuten die Temperatur angleichen. Sollten wir allerdings beobachten, daß unsere Fische ununterbrochen versuchen, aus dem Beutel herauszukommen, dann sollten wir ihnen den Willen auch lassen. Bei einigen Tieren — hierzu gehören viele Schwertträger — ist der Streß in dieser Situation offenbar größer als der Streß, der durch die

Temperaturunterschiede hervorgerufen werden kann.

Zum eigentlichen Einsetzen öffnen wir den Beutel und lassen in den ja nur halb mit Wasser gefüllten Beutel nun langsam das Aquarienwasser einfließen. Lassen wir uns Zeit dabei, denn je langsamer wir das Wasser auf diese Weise vermischen, desto besser für die Fische! In vielen Fällen sieht man den Neuankömmlingen an, daß sie sich nicht wohl fühlen. Sie klemmen oft die Flossen und verstecken sich; oft werden sie auch von den Mitfischen zunächst gejagt. Wenn wir uns bei der Auswahl der Fische nicht vertan haben, werden wir jedoch feststellen, daß die Neuen sich schon bald in unserem Becken heimisch fühlen.

Die Pflege unseres Aquariums

Ein Aquarium macht weitaus weniger Arbeit, als der Außenstehende denkt. Einmal richtig eingerichtet, kann es jahrelang mit nur geringem Pflegeaufwand betrieben werden.

Jeden Tag, wenn wir unsere Fische füttern, werfen wir einen Blick auf das Thermometer und auf den Filter. Alles in Ordnung? Dann können wir uns in Ruhe den Pflanzen und Fischen widmen. Fressen die Fische gut, steht einer nicht irgendwo in einer Ecke, blaß und mit geklemmten Flossen? Kranke Fische sollten wir sofort behandeln.

Gegen die häufigsten Fischkrankheiten gibt es gut wirkende Medikamente. Auch Fische, die von ihren Genossen so stark gejagt werden, daß sie nicht mehr ans Futter herankommen können, müssen in Sicherheit gebracht werden. Auch sterbende und tote Fische holen wir selbstverständlich sofort aus dem Aquarium heraus. Unsere tägliche Kontrolle wird sich in der Regel also auf das aufmerksame Beobachten beschränken. Das geschieht beim Füttern gewissermaßen nebenbei. Die Pflanzen sollten wir möglichst ungestört wachsen lassen. Wenn Korrekturen nötig sind, warten wir damit bis zur monatlichen Kontrolle.

Einmal jeden Monat haben wir Generalüberholung! Als erstes werden alle

— ich wiederhole alle! — Stecker, die zum Aquarium führen, aus den Steckdosen herausgeholt. Elektrischer Strom und Wasser sind eine gefährliche Kombination! Die Filtermassen werden jetzt gründlich durchgespült, Filterpatronen ausgewaschen.
Wie sehen unsere Pflanzen aus? Anfangs sind wir über jeden Ableger froh. Es kommt aber nach einigen Monaten auch der Punkt, an dem wir lichten müssen. Wenn unser Aquarium gut eingefahren ist, wollen wir auch einige der besonders schnellwüchsigen Pflanzen durch langsamer wachsende und somit pflegeleichtere ersetzen. Vielleicht müssen wir auch unsere Stengelpflanzen jetzt einkürzen. Wir kneifen dazu die jungen Triebe in der gewünschten Länge ab und pflanzen diese Stecklinge an die passende Stelle. Alle diese Arbeiten nehmen wir am besten jetzt vor.
Nun geht es an den Teilwasserwechsel! Hierzu brauchen wir den großen Plastikschlauch (vgl. S. 22). Das eine Ende wird ins Aquarium geführt, das andere führt nach unten in einen Eimer oder — komfortabler — direkt in den Ausguß. Es lohnt sich die Überlegung, ob man sich nicht gleich einen mehrere Meter langen Abzugsschlauch besorgen soll, wenn man sich damit das Eimerschleppen und eventuelles »Wasserpütschern« ersparen

kann. Wir saugen am unteren Ende kurz an, und unser Aquarium beginnt sich zu entleeren. Wir sollten dabei immer die Hand am Wassereinfluß haben, wie es uns die Abbildung zeigt. Auf diese Weise können wir jederzeit den Abfluß stoppen, z. B. wenn Fische in Gefahr sind, aufgesogen zu werden. Gleichzeitig können wir aber den Schlauch nun in Ruhe zu all den Stellen am Boden führen, an denen sich Mulm abgelagert hat. Diese Schmutzteilchen wie auch abgestorbene Pflan-

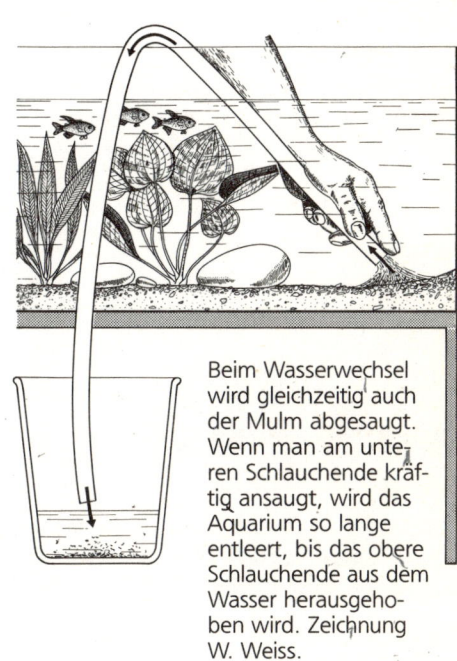

Beim Wasserwechsel wird gleichzeitig auch der Mulm abgesaugt. Wenn man am unteren Schlauchende kräftig ansaugt, wird das Aquarium so lange entleert, bis das obere Schlauchende aus dem Wasser herausgehoben wird. Zeichnung W. Weiss.

zenteilchen können wir nun bequem aufsaugen und so aus dem Aquarium entfernen. Wenn wir ein Drittel des Wassers abgesaugt haben, sollten wir mit Rücksicht auf die Bewohner, die einen zu starken Wechsel des Wassermilieus übelnehmen würden, das Wasserentnehmen beenden.

Nun müssen nur noch die Scheiben innen geputzt werden, falls sich hier ein Belag von Grünalgen gebildet hat. Auch im gut eingefahrenen Aquarium bilden sich diese Algen an Scheiben und auf Einrichtungsgegenständen. Das ist aber keine Katastrophe. Die Grünalgen zeigen uns im Gegenteil an, daß das Wasser in Ordnung ist. Sie sind nicht zu verwechseln mit den häßlichen Blaualgen (die aber meist auch grün aussehen!), die besonders nach der Neueinrichtung auftreten können. Nehmen Sie zum Scheibenreinigen einen der käuflichen Scheibenreiniger. Oft genügt es aber auch, die Scheiben mit einem feuchten Tuch oder feuchtem Haushaltspapier abzureiben.

Nun ist nur noch das abgezogene Wasser zu ersetzen (wie auf S. 23 beschrieben), die Abdeckung kommt auf das Becken, elektrische Geräte anschließen und fertig sind wir! Jetzt können wir noch die Aquarienscheiben von außen mit einem der üblichen Fensterreiniger putzen. Wenn man den monatlichen Teilwasserwechsel einige Male ausgeführt hat, schafft man das bald in weniger als einer halben Stunde!

Füttern: Was, wieviel, wie oft?

Die Zeiten, in denen man mit Wasserflohnetz und Eimer zum nächsten Tümpel ziehen mußte, um seinen Fischen Futter zu besorgen, sind vorbei.

Sicher, wer ausgefallene Fische hält und sie vielleicht sogar züchten will, kommt um dieses Vergnügen nicht herum, und auch unsere Fische wären sicher dankbar für gelegentliche Lebendfuttergaben. Übrigens ist Tümpeln für viele Leute wirklich eine Angelegenheit, die Spaß macht. Die meisten Aquarianer werden sich aber beim Zoohändler mit Futter versorgen.

Füttern

Hier gibt es Flockenfutter, Futtertabletten, gefriergetrocknetes Futter, Tiefkühlfutter und zumeist auch lebende Tubifex oder Rote Mückenlarven. Man sollte alles mal ausprobieren, aber das Flockenfutter ist als Hauptfutter sicher das geeignetste.

Gerade Anfänger machen beim Füttern ihrer Fische leicht den Fehler, daß sie ihnen zu viel geben. Schließlich meint man es ja gut mit den Tieren, und sie kommen doch immer futterbettelnd an die Scheibe! Man sollte dazu wissen, daß der größte Teil unserer Zierfische übermäßig verfettet ist. Man sieht es den äußerlich oft schlank erscheinenden Tieren nicht an, aber es ist so. In der freien Natur — auf die ihr ganzer Organismus natürlich eingestellt ist — bekommen sie weitaus weniger Futter als bei uns. Außerdem haben sie dort wesentlich mehr Gelegenheit, sich zu bewegen. Viele Aquarianer meinen daher, unsere Fische sollten jede Woche einen strikten Fastentag einlegen!

Das Zuviel-Füttern ist vor allem auch deshalb schädlich, weil nicht gefressenes Futter das Wasser verdirbt oder zumindest übermäßig belastet. Die Folge dieser Überdüngung wäre Algenwachstum, wenn nicht gar eine regelrechte Wasservergiftung. Daher hier ein Merksatz, den kein Aquarianer vergessen sollte:

Füttere nie mehr als das, was die Fische in spätestens 5 Minuten aufgefressen haben!
Wer sich an diesen Merksatz hält, kann im Hinblick auf die Fütterung nur noch wenig falsch machen. Nicht gefressenes Futter muß wieder aus dem Becken herausgeholt werden! Und noch etwas hat man zu beachten. Tiefkühlfutter sollte man vor dem Verfüttern auftauen. Unsere Fische könnten sich sonst erkälten. Übrigens, wenn wir der Meinung sind, daß die Fische beim ersten Füttern nicht genug bekommen haben, können wir ihnen selbstverständlich sofort oder im Verlauf des Tages noch 2, 3 oder 4 Mal wieder Futter geben. Halten wir uns aber immer an die Fünf-Minuten-Regel!

Unser Aquarium im Urlaub

Und wer füttert unsere Fische im Urlaub? Kein Problem! Auch wenn Sie jetzt erschrecken — keiner! Wenn wir keinen Nachbarn oder Bekannten haben, der auch Aquarianer ist, ist es besser, die Fische sich selbst zu überlassen. Auch in ihrer tropischen Heimat gibt es mehrwöchige Fastenzeiten! Am Ende einer derartigen Kur sind die Fische oft gesünder als vorher.

Ich mache es im Urlaub regelmäßig so: Die letzten Wochen vor Ferienbeginn werden keine neuen Fische mehr gekauft, die vorhandenen werden besonders gut gefüttert, auch mit Lebendfutter. Einen Tag vor der Abreise wird die Temperatur am Regelheizer um 4 bis 5° zurückgestellt. Das muß einen Tag vor der Abreise geschehen, damit man auch das Funktionieren dieser Maßnahme kontrollieren kann. Bei niedrigeren Temperaturen ist der Futterbedarf der Fische weitaus geringer als normal. Und es schadet den Tieren wirklich nicht.

Ich gebe zu, mein Fastenvorschlag hört sich herzlos an, aber er ist ganz bestimmt keine Tierquälerei! Wer es trotzdem nicht übers Herz bringt, seine Fische so lange fasten zu lassen, hat aber noch eine weitere Möglichkeit, sie gut über die Ferienwochen zu bringen. Im Zoohandel werden Fütterungsautomaten angeboten, die man so anbringen und einstellen kann, daß unsere Fische täglich die ihnen zustehende Futtermenge bekommen.

Wo ich nun gerade beim Thema Urlaub bin: Wichtiger als ein Futterautomat ist auf jeden Fall ein Lichtautomat. Man bekommt aber auch beide Geräte kombiniert. Wie wir schon gehört haben, brauchen unsere Pflanzen täglich 12 bis 14 Stunden Licht, nicht mehr, aber auch nicht weniger. Wenn wir auf dieses Bedürfnis nicht eingehen, werden wir unseren Pflanzenwuchs nach längerer Abwesenheit nicht mehr anschauen wollen.

Fischkrankheiten

Wie alle Lebewesen können auch Fische krank werden. Wir erkennen es daran, daß sie ein verändertes Verhalten zeigen. Sie schwimmen nicht wie gewohnt herum, stehen vielleicht mit geklemmten Flossen in einer Ecke, schaukeln mit dem Körper oder haben Ausschläge am Körper und an den Flossen. Unser erster Blick gilt dann

dem Thermometer. Oder kann das Wasser schlecht geworden sein?

Schauen Sie sich dann Ihre Fische mal ganz genau an! Haben Sie auf der Haut oder an den Flossen einzelne oder gar viele weiße Pünktchen? Dann ist es *»Ichthyophtirius«,* die häufigste Fischkrankheit. Wenn man hier nichts tut, ist der ganze Fischbesatz verloren. Andererseits gibt es beim Zoohändler Medikamente gegen diese Krankheit, die 100%ig wirken. Also keine Panik! Wenn ein Fisch die Pünktchenkrankheit zeigt, sind auch andere, vielleicht alle anderen Fische angesteckt. Das Medikament muß also direkt ins Aquarium gegeben werden. Halten wir uns ganz genau an die Gebrauchsanweisung, die jeder Medizin-Packung beigegeben ist. Auf diese Weise werden wir die Krankheit in den Griff bekommen, wenn wir rechtzeitig genug gehandelt haben. Wir sollten also immer wieder unsere Fische auf die gefürchteten weißen Pünktchen hin anschauen!

Auf den ersten Blick viel schwieriger zu erkennen ist *Oodinium.*

Diese Krankheitserreger sind ebenfalls als weißliche oder bräunliche Pünktchen zu erkennen. Sie sind aber sehr viel kleiner als beim »Ichthyo« und nur bei genauester Betrachtung auszumachen. Im fortgeschrittenen Stadium sieht es wie ein samtartiger Belag auf der Haut der Tiere aus. Derart erkrankte Fische erkennt man aber besser am veränderten Verhalten: Freßunlust, geklemmte Flossen, versteckte Lebensweise. Zu behandeln ist die Krankheit wie der »Ichthyo«, die Erfolgsaussichten sind fast ebensogut.

Wenn wir unsere Fische bei zu niedrigen Temperaturen halten, kann es zu *»Fischschimmel«* kommen. Auch diese Krankheit ist relativ leicht medikamentös zu bekämpfen, das gleiche gilt für die *»Flossenfäule«.* Ausgefranste oder verlorengegangene Flossen können aber auch durch Bißverletzungen durch andere Fische hervorgerufen werden. Hier heißt es also beobachten und den Ursachen auf den Grund gehen!

Auch bei den Fischen gibt es Krankheiten, die nicht oder nur unter besonders günstigen Umständen zu bekämpfen sind. Solche Fische, die unförmig aufgequollene Leiber haben, eingefallene Bäuche oder weit hervorstehende Augen, sollten wir baldmöglichst isolieren, damit sie nicht noch andere Mitbewohner anstecken können. Vergessen wir auch nicht, daß irgendwann die normale Lebensuhr eines jeden Tieres abgelaufen ist. Manche Fischarten werden höchstens ein oder zwei Jahre alt, die meisten unserer kleinen Zierfische drei bis fünf Jahre.

Was ist ein Gesell-schaftsaquarium?

In einem Gesellschaftsaquarium werden Pflanzen und Tiere gemeinsam gepflegt, die sich besonders gut miteinander vertragen. Hierbei legt der Aquarianer keinen Wert darauf, daß beispielsweise nur südamerikanische Fische mit Pflanzen aus Südamerika zusammenkommen. Unter Südamerikanern dürfen sich auch Fische aus Südostasien oder Afrika tummeln. Hauptsache, das Ganze sieht gut aus, und die Tiere passen zusammen und vertragen sich! Dieses ist bei allen Aquarianern der mit Abstand am häufigsten vertretene Aquarientyp. Spezialaquarien oder besondere Zuchtaquarien sollen uns hier nicht kümmern.

Für den erfahrenen Aquarianer gibt es eine Unzahl von Möglichkeiten, Gesellschaftsaquarien einzurichten und Tier- und Pflanzenarten zu kombinieren. Ohne Kenntnisse über die verschiedenen Bedürfnisse der Pflanzen und Tiere wird man aber unweigerlich Lehrgeld bezahlen müssen. Ich will hier daher kurz die wichtigsten Gesichtspunkte darstellen, die man beachten muß. Anschließend werde ich sehr ausführlich einen Einrichtungs-

vorschlag besprechen, den ich für besonders geeignet halte. Danach dann eine Besetzungsliste für Fische, die relativ leicht zu pflegen sind, die aber dennoch besonders schön und zugleich sehr interessant sind. Langweilig soll unser Aquarium auf keinen Fall sein!

Die Einrichtung

Zunächst allgemeine Grundsätze für die Einrichtung eines Gesellschaftsbeckens, die über das, was bereits in Kapitel 3 gesagt wurde, hinausgehen:
Wir brauchen viele, schnellwachsende Pflanzen. Sie sind meist billig. Später können sie durch anspruchsvollere ersetzt werden.
Auch unsere Erstbepflanzung soll schon schön aussehen. Daher setzen wir die Pflanzen, die nicht viel Platz einnehmen in Gruppen. Das sieht weit ansprechender aus, als wenn wir alles wie Kraut und Rüben durcheinanderpflanzen würden. Kleinwüchsige Pflanzen kommen mehr nach vorn, höher wachsende Pflanzen kommen an die Seiten und in den Hintergrund. Eine besonders große und auffallende Pflanze soll einen besonderen Akzent setzen. Sie wird als sogenannte Soli-

tärpflanze einzeln gepflanzt und bekommt einen besonders ins Auge fallenden Platz zugewiesen. Damit das aber nicht zu gewollt aussieht, pflanzen wir sie nicht genau in die Mitte. Wir versetzen sie nach den Regeln des Goldenen Schnitts ein bißchen nach rechts oder links.

Selbstverständlich müssen wir die Ansprüche der Pflanzen, speziell ihr Lichtbedürfnis berücksichtigen. Ansonsten versuchen wir die Pflanzgruppen etwas kontrastreich anzuordnen, also Stengelpflanzen neben Grundständigen Pflanzen, zarte neben grobblättrige, grüne neben rötliche. Die rotblättrigen Pflanzen sparen wir uns aber für später auf, wenn unser Aquarium eingefahren ist.

Zu den Fischen: Auch hier müssen in erster Linie die Bedürfnisse der Fische beachtet werden. Ihr dekorativer Wert steht erst an zweiter Stelle. Wie soll man sich an Tieren erfreuen, die sich nicht wohlfühlen? Wir unterscheiden zwischen Fischen, die weiches Wasser bevorzugen, und solchen, die härteres Wasser brauchen. Die meisten Tropenfische kommen aus Weichwassergebieten, aus den Regenwäldern Südamerikas, aus Afrika und dem Süden Asiens. Sie verlangen relativ weiches Wasser, das aber nicht immer aus unserer Leitung fließt. Das ist aber nicht gar so schlimm, denn es gibt eine Menge Arten, die sich auch an unser Leitungswasser sehr gut anpassen können. Viele Arten werden seit unzähligen Generationen in unserem Wasser nachgezogen. Solche Fische will ich hier auch nur vorschlagen, die schwierigeren Arten sollte man sich erst zulegen, wenn man einige Erfahrungen gesammelt hat. Immerhin sollte jeder Aquarianer ungefähr wissen, ob sein Wasser weich, mittel oder hart ist (vgl. S. 21).

Eine Kombination für Hartwasserfische stelle ich auf S. 50 vor. Die Einrichtung des Aquariums bleibt die gleiche. Unter den Fischen gibt es typische Einzelgänger, die von ihren Artgenossen am liebsten niemanden sehen wollen. Bestenfalls ein Partner des anderen Geschlechts wäre interessant für diese Tiere, und das bereitet manchmal auch Probleme. Gerade diese Tiere sind oft besonders interessant. Sie bilden Reviere, und wem es gelingt, ein Paar solcher Revierfische gut zu vergesellschaften, kann am oft hochinteressanten Familienleben dieser Fische teilnehmen. Da kein Aquarianer auf solche Erlebnisse verzichten sollte, habe ich in meinem Vergesellschaftungsvorschlag auch ein Paar solcher Revierfische vorgesehen!

Sehr viel einfacher zu vergesellschaften sind Schwarmfische. Sie fühlen sich nur in der Gesellschaft von ihres-

gleichen wohl. Man kann einem Schwarmfisch nichts Schlimmeres antun, als ihm Artgenossen vorzuenthalten! Sie brauchen ihre Artgenossen, und zwar nicht nur einen, zwei oder drei — ein Schwarm sollte nicht weniger als fünf Tiere umfassen, möglichst mehr! Die Versuchung für den Jungaquarianer ist immer, möglichst viele Fische und möglichst viele verschiedene Arten in seinem Aquarium unterzubringen. Widerstehen Sie bitte dieser Versuchung! Ein Aquarium mit weniger Arten und nicht zu vielen Fischen ist interessanter als ein vollgestopftes! Jedes Tier braucht Platz, um sich zu entfalten und seine Qualitäten zu zeigen! Auch vom dekorativen Standpunkt her ist es besser, zwei große Fischschwärme im Becken zu haben als fünf kleine!

Mit den folgenden zwei Absätzen will ich Vorschläge zur Einrichtung und Besetzung eines Gesellschaftsaquariums geben. Ich will nun keineswegs damit jemanden bevormunden oder seine Phantasie einschränken. Es dürfte aber ratsam sein, sich beim ersten Mal möglichst genau an meine Einrichtungs- und Besetzungsvorschläge zu halten.

Wie unser Aquarium aussehen soll

Kies und Steine

Zur Einrichtung unseres Aquariums brauchen wir neben dem Sand oder Kies einige Steine. Bevor der Kies eingefüllt wird, werden die Steine im Aquarium verstaut. Man legt sie direkt auf den Glasboden, damit sie später nicht mehr von wühlenden Fischen untergraben werden können. Ein großer Stein sollte fast bis zur Wasseroberfläche reichen und, damit er nicht zuviel Platz beansprucht, flach sein. Ideal wäre dazu eine Schieferplatte. Sie wird in der hinteren linken Ecke als Sichtschutz für unseren Innenfilter aufgestellt. So nützlich ein Filter ist, ein Schmuckstück ist er schließlich nicht! Seitlich wird die Steinplatte an der Aquarienwand abgestützt. Damit sie nicht wegrutschen kann, sichern wir sie auch unten noch mit einem kräftigen Stein ab. Wir werden ihn später nicht mehr sehen, wenn er mit dem Bodengrund bedeckt ist. Schräg davor lehnen wir eine zweite, kleinere Schieferplatte. Jetzt wirkt unsere Felsplatte weniger gekünstelt. Gleichzeitig haben wir zwanglos eine Höhle gebaut, die für unsere Buntbarsche wichtig ist.

Die anderen Steine werden im rechten Teil des Aquariums so angeordnet, wie es die Abbildung auf S. 47 zeigt. Sie sollen eine flache Kiesschicht im Vordergrund von einer dahinterliegenden höheren abtrennen. So entsteht eine Terrasse, und unser Aquarium gewinnt an Tiefe, wenn der Boden von vorn nach hinten ansteigt. Alle Steine legen wir direkt auf den Boden. Jetzt wird der Sand bzw. Kies eingefüllt. Vorne sollte er mindestens zwei Finger breit hoch sein, hinten 5—8 cm.

In die hintere rechte Ecke kommt eine Wurzel. Sie ist ein wesentliches dekoratives Element in unserem Becken und sollte bis zur Wasseroberfläche reichen. Auf diese Weise verdeckt sie den Regelheizer und bietet gleichzeitig Zuflucht für Oberflächenfische wie auch für mehr bodenorientierte Tiere. Auch bei der Verankerung unserer Schwimmpflanze hilft sie mit.

Pflanzplan

Wichtigstes Gestaltungsmittel für unser Aquarium sind, ganz abgesehen von ihrer besonderen biologischen Bedeutung, unsere Pflanzen. Schon mit unserer Erstbepflanzung werden wir ein sehr schön ausgestattetes Aquarium bekommen. Ich will hier zunächst eine Liste der Pflanzen angeben, die wir brauchen. In Klammern hinter dem deutschen Namen steht der wissenschaftliche Name, der uns beim Kauf manchmal hilfreich sein kann. Alle hier angeführten Pflanzen sind häufig und dürften bei den Händlern vorrätig sein. Sie gehören auch zu den billigeren Pflanzen. Dabei sollten wir aber bei der Menge nicht sparen. Die Zahlen hinter den Pflanzennamen geben ungefähr an, wie viele Einzelpflanzen wir uns kaufen sollten. Es können von jeder Art gern auch 2 oder 3 Pflanzen mehr gekauft werden. Nur bei unserer Solitärpflanze, der Schwarzen Amazonaspflanze, müssen wir bei einem Exemplar bleiben.

● Stengelpflanzen
  Indischer Wasserfreund (*Hygrophila polysperma*), 3—5
  Wasserwistarie (*Hygrophila difformis*), 3—4
  Ludwigie (*Ludwigia spec.*), 4—5
● Grundständige Pflanzen
  Sumpfschraube (*Vallisneria spiralis*), 7—10
  Schwarze Amazonaspflanze (*Echinodorus parviflorus*), 1
  Haertels Wasserkelch (*Cryptocoryne affinis*), 5—10
  Javafarn (*Microsorium pteropus*), 2—4
  Zwergpfeilkraut (*Sagittaria subulata forma pusilla*), 4—6

Gesellschaftsaquarium

● Schwimmpflanze
Sumatrafarn *(Ceratopteris thalic-troides),* 1

Die in der obigen Liste angegebenen Zahlen können natürlich nur grobe Richtwerte sein. Sie beziehen sich auf große bis mittelgroße Einzelpflanzen und ein 100-l-Aquarium (80-l- und 200-l-Aquarien, siehe S. 48). Wer die Pflanzen gleich in »Containern«, also in kleinen Plastiktöpfchen kauft, braucht entsprechend weniger.
Für den Fall, daß wir die eine oder andere der Pflanzen nicht bekommen, hier Beispiele für Pflanzen, die wir statt dessen nehmen können: Für die Wasserwistarie eignet sich ersatzweise der Thailändische Sumpffreund *(Hygrophila stricta)* oder der Riesenwasserfreund *(Hygrophila corymbosa),* für die Sumpfschraube die Schraubenvallisnerie *(Vallisneria asiatica var. biwaensis),* für die Schwarze Amazonaspflanze die Echte Amazonas *(Echinodorus amazonicus)* oder die Rote Tigerlotus *(Nymphaea lotus),* für Haertels Wasserkelch Wendts Wasserkelch *(Cryptocoryne wendtii)* und anstelle des Sumatrafarns Hornfarn *(Ceratopteris cornuta).*
Eine Ecke im Vordergrund wird mit Zwergpfeilkraut bepflanzt. Die *forma pusilla* wird nur 5—10 cm hoch und bildet durch zahlreiche Ausläufer bald einen schönen Vordergrundrasen. Schon nach einem Monat hat sich unser Pflanzenbestand sehr verändert. Die Stengelpflanzen sind in die Höhe gewachsen und haben sich verzweigt, die Sumpfschrauben haben viele Jungpflanzen bekommen, die Amazonaspflanze müßte an Umfang kräftig zugenommen haben. Jetzt dürfte unser Aquarium aus der schwierigen Startphase heraus sein, und wir können langsam an eine vorsichtige Umgestaltung unseres Bekkens gehen. Haben die Vallisnerien schon kräftige Ausläufer auch in den Raum hinter dem großen Stein gebildet? Dann wollen wir sie jetzt auf diesen Bezirk beschränken. Dort, wo vorher die Vallisnerien wuchsen, können wir einige der zarten *Myriophyllum* anpflanzen. Aber auch Ableger von unserem Indischen Wasserfreund, der jetzt vermutlich von der Amazonaspflanze bedrängt wird, können hier jetzt ihren Platz finden. Die Wasserwistarie wird jetzt verjüngt, indem wir einige ihrer Sprosse abtrennen und einfach in den Boden stecken. Später können wir an dieser Stelle schön eine dichte Pflanzgruppe Rotweiderich *(Rotala macrandra)* ansiedeln. Die Cryptocorynen lassen wir ganz ungestört wachsen. Sie brauchen sehr viel Ruhe, dann zeigen sie ihre Unverwüstlichkeit. Sie wer-

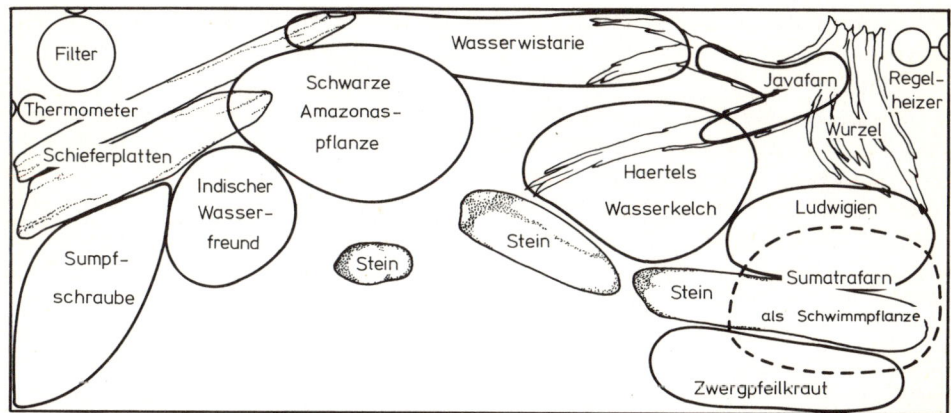

Filter

Thermometer

Schieferplatten

Wasserwistarie

Schwarze
Amazonas-
pflanze

Javafarn

Regel-
heizer

Wurzel

Indischer
Wasser-
freund

Haertels
Wasserkelch

Ludwigien

Sumpf-
schraube

Stein

Stein

Sumatrafarn

als Schwimmpflanze

Stein

Zwergpfeilkraut

Einrichtungsplan für ein 100-l-Becken, Schema
und Vorderansicht. Zeichnung C. Falk.

den im Verlauf der nächsten Monate
auch den Raum unter der Wurzel besie-
deln. Wo jetzt noch Ludwigien wachsen, können wir es später mit *Cabomba*

versuchen; aber das sollte nicht alles
auf einmal gemacht werden.
Der Vordergrund unseres Aquariums ist
noch weitgehend leer. Ein bis zwei

Monate nach der Neueinrichtung können wir auch anspruchsvollere Vordergrundarten als das Zwergpfeilkraut pflanzen. Für die linke Aquarienhälfte eignet sich der Zwergwasserkelch *(Cryptocoryne willisii)* oder die Grasartige Schwertpflanze *(Echinodorus tenellus)*. Beide brauchen viel Ruhe. Wenn man ihnen aber ausreichend Zeit läßt und dafür sorgt, daß die Schwimmpflanzen ihnen nicht gar zu viel Licht wegnehmen, kann man sich auch aus ihnen sehr dekorative Unterwasserrasen heranziehen.

Das obige Beispiel ist auf ein 100-Liter-Aquarium angelegt. Die Anpassung auf ein 80-Liter-Becken ist nicht schwer. Wir können ganz exakt genauso vorgehen. Bei der Anzahl der Pflanzen gehen wir dann unbedenklich auf die kleinere der Zahlenangaben. Die Schwarze Amazonaspflanze wird uns vielleicht schon nach wenigen Monaten zu groß werden. Wir ersetzen sie dann durch eine ebenfalls effektvolle, aber langsamwüchsigere Solitärpflanze wie z. B. die *Barclaya*. Diese anspruchsvolle Pflanze ist jedoch für die Erstbepflanzung nicht zu empfehlen.

Die Anpassung meines Einrichtungsvorschlages auf ein 200-Liter-Aquarium ist noch einfacher. Hier brauchen wir natürlich ein paar Pflanzen mehr, aber die doppelte Menge braucht es nicht gleich zu sein! Etwa ein Drittel mehr Pflanzen dürfte ausreichen. Natürlich bleiben wir auch bei nur einer Solitärpflanze.

Fischbesatz

Nun zu den Fischen: Ich schlage hier besonders schöne, muntere und interessante Tiere vor, die keine übertriebenen Pflegeansprüche stellen. Bei der rechts aufgeführten Kombination sollte es keine Schwierigkeiten geben. Die optimale Temperatur beträgt 24° C!

Ich weiß, die Versuchung ist nun groß, sich auch noch ein paar Neonfische und ein Paar Segelflosser dazuzukaufen, einige Schmetterlingsbuntbarsche und noch ein paar Grundeln. Tun Sie das nicht, zumindest jetzt noch nicht. An dem vorgeschlagenen Besatz kann man sehr, sehr lange Zeit seine Freude haben, und alle erwähnten Arten sind leicht zu bekommen. Sollten einige doch nicht beim Händler zu erhalten sein, kann man anstelle der Zebrabarben Bitterlingsbarben *(Barbus titteya)*, statt der Laternenträger Rote vom Rio *(Hyphessobrycon flammeus)*, für die Platies Rote Schwertträger und für die Rüsselbarbe eine Siamesische Saugschmerle *(Gyrinocheilus aymonieri)* nehmen. Diese Arten sind

Zebrabärblinge *(Brachydanio rerio)*	10 (7) Tiere*
Laternenträger *(Hemigrammus ocellifer)*	10 (7) Tiere*
Platies *(Xiphophorus maculatus)*	5 (4) Tiere*
Purpurprachtbarsche *(Pelvicachromis pulcher)*	1 Paar
Siamesische Rüsselbarbe *(Epalzeorhynchus siamensis)*	1 Tier

* Die Werte beziehen sich auf ein 100-l-Aquarium, die Werte in Klammern auf 80 l Inhalt. 200-l-Aquarium siehe unten.

untereinander ohne weiteres auszutauschen. Die in Klammern angegebenen Zahlen gelten wieder für ein 80-Liter-Aquarium. In ein 200-Liter-Aquarium kann man nicht etwa den doppelten Besatz hineingeben. Das habe ich auch nicht bei den Pflanzen vorgeschlagen. Während man aber bei den Pflanzen an der Menge nicht sparen soll, zeigt sich beim Fischbesatz in der Zurückhaltung der Meister! Mein Vorschlag: der gleiche Besatz wie oben, nur die Schwärme der Zebrabärblinge und der Laternenträger werden noch um jeweils 2 oder 3 Tiere vergrößert. Zusätzlich schaffen wir uns noch ein kleines Rudel der putzigen Panzerwelse an. Entscheiden wir uns für eine der beiden folgenden Arten: Gefleckter Panzerwels *(Corydoras paleatus)* oder Metallpanzerwels *(Corydoras aeneus)*. Die anderen Arten sind anspruchsvoller in der Pflege. Ein kleiner Trupp von 6 Tieren wäre die richtige Zahl. Panzerwelse brauchen aber feinen Sand.

Wenn wir uns für Kiesboden entschieden hatten, können wir das aber immer noch korrigieren. Wir ersetzen in einer der pflanzenfreien Zonen im Vordergrund ein knapp untertassengroßes Bodenstück durch sehr sauber gewaschenen Feinsand. Den dort herausgeholten Kies können wir bestimmt noch im Hintergrund unterbringen. So haben wir für unsere Welse eine richtige Buddelkiste gebaut, die sie sicher nutzen werden.

Was tun wir nun, wenn wirklich hartes Wasser aus unserer Leitung fließt (20° dGH oder mehr)? Dann sollten wir unsere Liste zum Fischbesatz etwas abwandeln (s. Kasten S. 50).

Sollte man keine Zwergregenbogenfische bekommen, könnte man statt dessen auch einen Schwarm Rotgeschwänzter Ährenfische *(Bedotia geayi)* in diese Gruppe einfügen. In Klammern wieder die Angaben für ein 80-Liter-Aquarium. Für ein 200-Liter-Aquarium können wir unsere Fischge-

Zwergregenbogenfische *(Melanotaenia maccullochii)*	10 (7) Tiere*
Rote Schwertträger *(Xiphophorus helleri)*	1 Männchen,
	2 (1) Weibchen*
Black Mollies *(Poecilia sphenops)*	2 Paare
Purpurprachtbarsche *(Pelvicachromis pulcher)*	1 Paar
Siamesische Saugschmerle *(Gyrinocheilus aymonieri)*	1 Tier

* Die Werte beziehen sich auf ein 100-l-Aquarium, die Werte in Klammern auf 80 l Inhalt.

sellschaft noch mit einem kleinen Schwarm (5—6 Tiere) der Lachsroten Regenbogenfische *(Glossolepis incisus)* bereichern.

Ich hoffe, Sie wollen jetzt noch mehr über die Pflanzen und Tiere unseres Aquariums wissen. Im letzten Kapitel werde ich zu jeder der empfohlenen Arten ausführlichere Angaben machen.

Ein Miniaquarium

Vorschläge für Einrichtung und Fischbesatz

Es gibt keinen Zweifel, auch und gerade für den Anfänger ist ein 100-Liter-Aquarium idealer als ein Becken mit 40 Litern Inhalt. Gerade für Jung-Aquarianer ist das aber auch eine teure und oft unerschwingliche Sache. Sollte man sich doch zum 100-Liter-Aquarium auch gleich eine Beleuchtungsanlage, eine Regelheizung und möglichst einen Filter anschaffen! Es gibt aber eine preiswertere Alternative!

Nehmen wir also ein kleineres Aquarium mit einem Fassungsvermögen von etwa 30 bis 40 Litern. Verzichten wir auf einen Filter, verzichten wir auf eine besondere Beleuchtungsanlage. Dann brauchen wir aber zumindest eine Schreibtischlampe! Und an die aus-

Miniaquarium

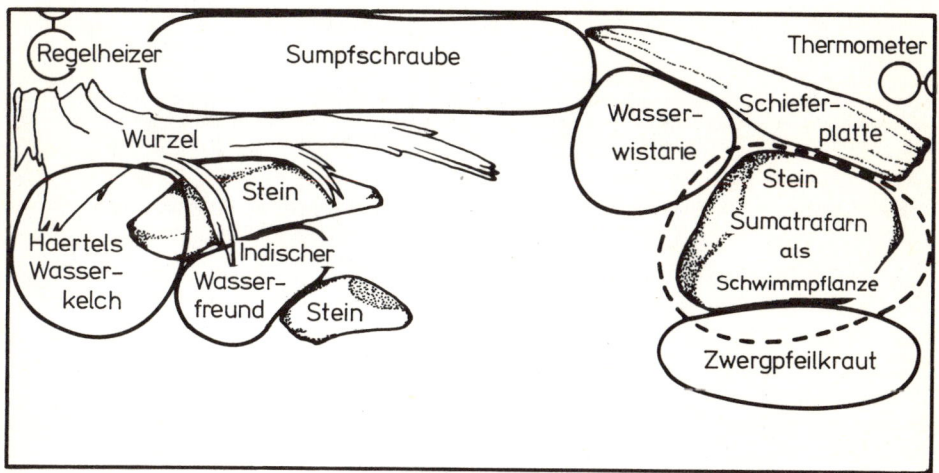

Einrichtungs- und Pflanzplan für ein Miniaquarium,
Schema und Vorderansicht. Zeichnung C. Falk.

reichenden Beleuchtungszeiten — 13 Stunden täglich — müssen wir uns natürlich auch halten. Auch auf einen Regelheizer können wir nicht verzichten. Für ein 30-Liter-Becken brauchen wir einen 30-Watt-Regelheizer.

Wir richten das Becken im Prinzip genauso ein, wie ich es auf S. 20 für größere Behälter beschrieben habe. Wir sollten also mit Pflanzen nicht sparen. Trotz seiner Kleinheit kann man auch solch ein Aquarium gliedern und für Versteckplätze sorgen. Der Einrichtungs- und Pflanzplan zeigt uns, wie unser Minibecken aussehen könnte.

In solchen Kleinbecken könnte man sehr verschiedene Fische halten. Wer sich aber sein erstes Aquarium einrichten will, sollte mit möglichst genügsamen und unempfindlichen Fischen beginnen, speziell, wenn er sich ein Minibecken zulegen will. Hier muß man doch schneller als bei großen Aquarien damit rechnen, daß die Wasserqualität nicht den Anforderungen für durchschnittlich empfindliche Aquarienfische entspricht, auch wenn wir den regelmäßigen Teilwasserwechsel nicht vergessen.

Daher schlage ich hier einen Besatz mit Fischen vor, die neben ihrer fischüblichen Kiemenatmung noch ein Zusatzorgan haben, das ihnen ermöglicht, auch den Sauerstoff der Luft direkt zu nutzen. Es sind Labyrinthfische. Unter ihren Kiemendeckeln sitzt eine vielfach gefaltete, luftgefüllte Höhle, das sogenannte Labyrinthorgan. Regelmäßig kommen Labyrinthfische an die Wasseroberfläche, um die verbrauchte Luft aus diesem Organ auszustoßen und neue Luft aufzunehmen. Diese Fähigkeit ermöglicht es ihnen, in ihrer südostasiatischen Heimat in sauerstoffarmen Sümpfen ohne Schwierigkeiten zu überleben.

Zu den Fischen mit Zusatzatmung gehören auch die Panzerwelse. Sie schlucken Luft und veratmen sie dann mit ihrem Darm! Aber nicht alle Arten sind anspruchslos. Die beiden geeignetsten Arten sind der Gefleckte Panzerwels *(Corydoras paleatus)* und der Metallpanzerwels *(Corydoras aeneus)*. Sie könnten in einem kleinen Schwarm (etwa 5 Tiere) die Bodenschicht unseres Minibeckens bevölkern, wenn wir dafür sorgen, daß dort zumindest stellenweise feiner Sandboden ist. Bleiben wir aber bei einer Panzerwels-Art!

Nicht alle Labyrinthfische sind für unser Minibecken geeignet. Einige werden zu groß, andere sind trotz allem empfindliche Tiere. Sehr gut eignen sich für ein solches Minibecken Paradiesfische oder Makropoden *(Macropodus opercularis)*, auch Kampffische *(Betta splendens)* sind dafür ideal. Es handelt sich aber in beiden Fällen um

Revierfische. Wir müssen uns für eine der beiden Arten entscheiden und können nur ein Männchen und ein Weibchen brauchen. Wenn wir überdies auch züchten wollen, müssen wir auch auf die Panzerwelse verzichten. Für welche der beiden Labyrinther sollen wir uns entscheiden? Schön und genügsam sind beide, beide Arten sind auch ohne Schwierigkeiten im Handel zu bekommen. Paradiesfische haben den Vorteil, daß wir in gut geheizten Zimmern sogar ohne Heizung auskommen. Das ist für die Aufzucht der Jungen ein überlegenswerter Gesichtspunkt.

So züchtet man Paradiesfische!

Ich kenne manchen Schüler, der sich sein Taschengeld mit der Paradiesfischzucht ein wenig aufbesserte. Reich kann man dabei natürlich nicht werden, aber das ist ja auch nicht der Sinn der Sache. Wichtiger ist die Freude am Züchten und Aufziehen der Tiere! Paradiesfische, auch Makropoden oder Großflosser genannt, gehörten zu den ersten Tropenfischen in den Aquarien. Sie lieben Temperaturen zwischen 20 und 28° C. Für die normale Haltung genügt ein auch im Winter normal geheiztes Zimmer. Niedriger als 18° C sollten die Temperaturen nur ausnahmsweise mal sein. Zur Zucht brauchen wir aber doch Wassertemperaturen von etwa 25 bis 27° C. Insofern kommen wir dann doch nicht ohne Regelheizer aus.

Unser Zuchtaquarium wird genauso eingerichtet, wie das eben besprochene Minibecken. Weder Durchlüftung noch Filter sind erwünscht, denn unser Makropoden-Männchen baut an der Wasseroberfläche ein schwimmendes Nest aus vielen Schaumblasen, das leicht durch Wasserbewegungen zerstört werden könnte.

Wir richten das Becken gut mit Pflanzen ein und sorgen durch einen hochgestellten Stein oder eine bis zur Wasseroberfläche reichende Wurzel dafür, daß auch das Weibchen vom Männchen ungestört an die Wasseroberfläche gelangen kann. Es muß ja regelmäßig zum Luftschöpfen nach oben kommen. Während der Nestbauzeit ist das Makropoden-Männchen nämlich alles andere als galant zu seinem Weibchen. Wir müssen ihm genügend Pflanzen und auch einige Steinverstekke ins Aquarium hineinbauen, damit es sich gut vor dem Gemahl verstecken kann. Auf keinen Fall sollten wir vergessen, auch Schwimmpflanzen mit in das Aquarium zu geben. Sie dienen als

Stütze für das Nest, vor allem aber auch als Lebensraum für unzählige mikroskopisch kleine Lebewesen, die unseren Makropoden-Jungen als erstes Futter dienen.

Als erstes müssen wir unsere Zuchttiere jetzt gut anfüttern! Allein mit Trokkenfutter werden wir kaum großartige Zuchterfolge erzielen. Am günstigsten ist es, den Fischen lebende Weiße oder Schwarze Mückenlarven zu verfüttern, und die in ausreichenden Mengen. Dann bekommt das Weibchen den richtigen Laichansatz! Es ist aber nicht immer leicht, an das Futter heranzukommen. Am besten fängt man es sich mit einem Kescher selbst in einem Tümpel. Manchmal haben die Händler auch solches Lebendfutter. Notfalls gehen aber auch tiefgefrorene Weiße Mückenlarven. Sie sind im Zoohandel meistens zu bekommen.

Hohe Temperaturen, keine Wasserbewegung, das geeignete Futter in ausreichender Menge und gute Versteckmöglichkeiten für das Weibchen — wenn wir diese Punkte berücksichtigen, dürfte die Zucht kein Problem sein. Dann wird das Männchen bald mit dem Bau des Schaumnestes beginnen. Hoffentlich haben wir das Glück, das Paar beim Ablaichen zu beobachten! Jetzt darf sich das Weibchen völlig ungestört vom Männchen unter dem Nest aufhalten. Immer wieder wird es vom Männchen regelrecht unter dem Nest umschlungen. Man kann jetzt gut sehen, wie die nur schwach getrübten Laichkörner im Pulk unter dem Nest hochsteigen. Oft versucht das Männchen, abgetriebene Eier einzusammeln und zum Nest zu bringen. Manchmal hilft auch die Mutter dabei mit.

Nach wenigen Stunden ist das Ablaichen beendet. Wir erkennen es daran, daß die Mutter sich nicht mehr direkt am Nest aufhalten darf. Oft wird sie sogar sehr heftig gejagt. Wir sollten sie auf jeden Fall nach dem Ablaichen herausfangen. Ihr neuer Aufenthaltsort ist ein kleines Plastikaquarium. Ein 5-Liter-Behälter reicht dafür schon aus. Wir brauchen ihn nicht zu bepflanzen, sorgen aber dafür, daß unser Weibchen jetzt wieder gut gefüttert wird, denn in wenigen Wochen wollen wir mit ihm ja ein weiteres Mal züchten. Die Brut wird nun allein vom Vater betreut, der jetzt kein Futter mehr bekommt. Nach etwa 28 Stunden schlüpfen die Jungen. Wir müssen genau hinschauen, um sie überhaupt zu erkennen! Wie winzige weißliche Schreibmaschinenkommas hängen sie im Nest. Am dritten bis vierten Tag nach der Eiablage beginnen die Kleinen, sich freizuschwimmen. Sie nehmen eine waagerechte Lage ein und können sich ohne Schwierigkeiten im

Wasser schwebend halten, da sich jetzt ihre Schwimmblase ausgebildet hat. Nun ist es auch an der Zeit, den Vater aus dem Zuchtbecken zu entfernen. Wie die Mutter kommt er jetzt in ein Extrabecken — aber in ein anderes! Schwieriger wird es für den Züchter, wenn er den Zeitpunkt des Ablaichens verpaßt. Dann muß er jeden Tag nachschauen, ob er im Nest nicht die weißen, im Durchmesser nur etwa einen Millimeter messenden Eier oder gar schon die Larven entdeckt. Dann wird es natürlich höchste Zeit, das Weibchen herauszufangen! Besser wird man aber auf den Eiersegen aufmerksam, wenn man den Vater genau beobachtet. Dann wird man nämlich erkennen, ob er nur Schaumblasen erzeugt oder ob er Eier oder Larven umbettet. Trotzdem, man übersieht es das erste Mal leicht, vor allem, weil man sich am Anfang gar nicht vorstellen kann, daß die Eier oder die Jungen tatsächlich so klein sind. Es ist mir schon passiert, daß mir ein Labyrinthfischfreund erzählte, trotz aller Mühen sei es ihm nicht gelungen, die Tiere zu züchten. Als ich dann ins Aquarium hineinschaute, sah ich eine große Anzahl kleiner Junglabyrinther unter dem Wasserspiegel schwimmen. Der Aquarianer hatte sie völlig übersehen!

Das Aufziehen der Jungfische

Unsere eben freischwimmenden Jungmakropoden brauchen jetzt sofort Futter. Sie sind so klein, daß sie normales Fischfutter nicht fressen können. Glücklicherweise enthält jedes schon ein paar Wochen stehende Aquarium eine Vielzahl mikroskopisch kleiner Lebewesen, sogenannte Infusorien. Sie dienen den Jungen als erstes Futter. In unserem kleinen Becken werden allerdings sicher nicht genügend Infusorien für alle 300 bis 500 Fischlarven sein, aber wir sind schon froh, wenn wir einen Bruchteil von ihnen aufziehen.

Nach knapp einer Woche können wir die Kleinen mit Artemien füttern. Das sind Salzkrebse *(Artemia salina)*, die man beim Zoohändler als Dauereier bekommen kann. Wenn wir sie in Salzwasser tun, dann schlüpfen aus den staubfeinen Eiern nach spätestens zwei Tagen die kleinen Nauplien, die Salzkrebslarven. Wir füllen dazu eine Plastikschale mit einem Liter Wasser, geben einen gestrichenen Teelöffel Kochsalz dazu sowie eine Messerspitze der Salzkrebseier. Dann wird umgerührt und abgewartet. Die geschlüpften Salzkrebschen sammeln sich an der Lichtseite und sind an ihrer orange-

57

roten Färbung gut zu erkennen. Sie können mit einem feinen Luftschlauch, wie ihn auch der Zoohändler hat, abgesaugt und dann direkt ins Zuchtbecken gegeben werden.

Wer es perfekter machen will, kauft sich einen Durchlüfter und ein sogenanntes Artemia-Kulturgerät. Dann ist die Ausbeute beim Ausbrüten der Salzkrebschen weit größer. Dem Kulturgerät, aber auch den Salzkrebseiern sind genaue Anleitungen beigegeben. Wenn unsere Makropoden erst einmal diese Nauplien fressen, sind sie bald über dem Berg. Sie wachsen jetzt zusehends, und man kann schon versuchen, ob sie jetzt nicht bereits fein zerkrümeltes Trockenfutter annehmen, das man auf die Wasseroberfläche streut. Aber man sollte hier vorsichtig sein, denn nicht gefressenes Futter verdirbt das Wasser.

Der folgende Futtertip ist sicher nicht jedermanns Sache. Aber wer einmal gesehen hat, wie schnell die Jungen dann wachsen und wie gierig sie sich auf dieses Futter stürzen, wird es nicht mehr missen wollen! Beim Händler bekommen wir lebende *Tubifex*. Das sind kleine rote Würmchen, die anfangs aber immer noch zu groß für unsere Makropoden sind. Man kann ein kleines Häufchen von ihnen auf eine Pappunterlage legen und sie dann wie Petersilie mit einer Rasierklinge zer-

kleinern. Dieser Wurmbrei ist ein hervorragendes Aufzuchtfutter!

Später fressen die Jungmakropoden bald auch unzerkleinerte Tubifex und natürlich Trockenfutter. Für ein zügiges Wachstum ist neben der guten Ernährung auch der regelmäßige Teilwasserwechsel wichtig. Im Aufzuchtbecken sollte man ihn auch ruhig häufiger machen. Alle drei oder vier Tage ein Drittel des Wassers zu wechseln ist nicht übertrieben! Beim Wasserabsaugen muß man natürlich höllisch aufpassen, daß man nicht auch Jungfische mit in den Schlauch bekommt. Hier hilft ein Trick. Wir nehmen eine Schaumstoffpatrone, wie sie für Innenfilter hergestellt wird. Man kann sie gut über das Absaugende des Schlauches ziehen. Auf diese Weise wird uns kein Jungfisch mehr abgesaugt.

Die Aufzucht der Kampffische verläuft ganz entsprechend. Kampffische brauchen allerdings Temperaturen von etwa 25° C. Außerdem sollte man die Tiere voneinander trennen, wenn sie eine Größe von etwa 1 cm erreicht haben. Hierfür eignen sich gut Marmeladengläser, später Weckgläser. Man kann die Gläser in ein Wasserbad stellen, das über einen Regelheizer auf 25° C temperiert wird. Gerade die Zucht von Schleierkampffischen mit ihren vielen Farbrassen ist eine besonders schöne Sache.

Wissenswertes über die Bewohner unseres Aquariums

Einiges habe ich bereits zu den verschiedenen Tier- und Pflanzenarten in unserem Aquarium geschrieben, bei vielen Gelegenheiten konnte ich aber nicht mehr als nur den Namen angeben. Hier alles Wissenswerte über die Bewohner unseres Aquariums! Ich will dabei, nach Pflanzen und Tieren getrennt, so vorgehen, wie sie im Text unseres Büchleins erschienen sind.

Unsere Pflanzen

Indischer Wasserfreund
Hygrophila polysperma
Herkunftsland Indien. Ein Bärenklaugewächs, das in seiner Heimat meist über Wasser wächst. Sehr anspruchslos und für jede Beckengröße geeignet. Läßt sich durch Sproßstecklinge leicht vermehren. Durch wiederholtes Einkürzen der Pflanze kann man sie zur Ausbildung von Seitensprossen anregen und sich so ganze Büsche heranziehen. Brauchen für eine gute Entwicklung aber ausreichende Lichtmengen. Wirkt am besten in dichter Pflanzengruppe.

Wasserwistarie
Hygrophila difformis
Aus Südostasien, gelegentlich auch als Wasserwedel bezeichnet. Hat sehr dekorative, tief geschlitzte Blätter. Eine sehr anspruchslose und rasch wachsende Pflanze, die für die Erstbepflanzung ideal ist. Nicht zu eng pflanzen, etwa 7 cm Abstand. Vermehrung leicht durch Sproßstecklinge: einfach Seitensprosse abknipsen und in den Boden stecken. Die Stecklinge bewurzeln sich sehr schnell. Für den Hintergrund oder als Randbepflanzung geeignet.

Ludwigie, *Ludwigia spec.*
»Ludwigia spec.« heißt: eine Art aus der Gattung der Ludwigien. Diese Pflanzen sind weltweit verbreitet. Im Aquarium wird meist die Bastardludwigie gehalten, eine Kreuzung zwischen *Ludwigia palustris* und *L. repens*. Eine sehr genügsame und empfehlenswerte Art, die allerdings möglichst nicht bei mehr als 25° C gehalten werden sollte. Wächst leicht aus dem Wasser heraus. Muß durch Sproßstecklinge immer wieder verjüngt werden. Verträgt Bepflanzung in relativ enger Buschgruppe.

Schwarze Amazonaspflanze
Echinodorus parviflorus

Anspruchslose und dekorative Grund-
ständige Pflanze aus dem Oberen
Ucayali (Peru). Dort im größten Teil des
Jahres über Wasser wachsend. Als
Jungpflanze auch für kleinere Aqua-
rien geeignet. Bildet in größeren
Aquarien bei guter Beleuchtung sehr
große, füllige Pflanzen mit dunklen
Blättern. Dann entsteht schließlich ein
Blütenstiel, an dem sich bei den Unter-
wasserpflanzen jedoch keine Blüten,
sondern direkt Jungpflanzen bilden.
Diese können mit ihren Würzelchen in
den Boden gedrückt werden (Stiel mit
Stein beschweren!), sollten von ihrer
Mutterpflanze aber — wenn über-
haupt — erst etwa einen Monat nach
dieser Prozedur getrennt werden.

Haertels Wasserkelch
Cryptocoryne affinis

Aus dunklen Urwald-Bächen der Ma-
laiischen Halbinsel, sehr anspruchslos
und auch unter sehr ungünstigen
Lichtverhältnissen noch wachsend.
Sollte aber — einmal eingepflanzt —
möglichst in Ruhe gelassen werden.
Bildet viele Bodenausläufer. Blätter
wellig genoppt, unterseits oft dunkel-
rotbraun. Ausgezeichnet für Pflanzengruppen im Mittelgrund und an den
Seiten geeignet. Eine der häufigsten
und dankbarsten Wasserkelche.

Javafarn, *Microsorium pteropus*

Der Javafarn gehört zu den besonders
anspruchslosen Pflanzen, die auch mit
wenig Licht auskommen. Man hält ihn
am besten als Aufsitzer auf Wurzeln
und Steinen. Dazu muß die Pflanze zunächst mit Gummibändern mit ihrem
kräftigen Wurzelstock am Untergrund
befestigt werden. Später hält sie sich
von alleine mit ihren Wurzeln fest. Die
Vermehrung erfolgt problemlos durch
Jungpflanzen, die sich bald überall an
den Wurzeln und den Blättern bilden.
Mit dem Versetzen der Jungpflanzen
muß man aber Geduld haben, denn Javafarn wächst seltsamerweise um so
besser, je mehr Pflanzen beieinander
sind. Die robusten Blätter des Javafarns
werden auch von hartnäckigen Pflanzenfressern meist nicht gefressen.

Sumatrafarn
Ceratopteris thalictroides

Dieser Farn ist in den Tropen weitver-
breitet. Im Aquarium gehört er zu den
besonders schnellwüchsigen Pflanzen. Man kann ihn sowohl als
Schwimmpflanze wie auch als Bodenpflanze halten. Nicht in den Boden einpflanzen! Am besten beschwert man
die Wurzel mit einem Stein und läßt
die Wurzeln in den Boden hinein-
wachsen. Der Farn muß wegen seiner
Schnellwüchsigkeit immer wieder aus-
gewechselt werden, da er selbst in

größeren Aquarien bald zu viel Platz einnimmt. Besonders wenn man ihn als Schwimmpflanze hält, muß man immer rechtzeitig die Altpflanze gegen einige der zahlreich gebildeten Blattableger austauschen. Andernfalls ist bald die Oberfläche so zugewuchert, daß für die am Boden wachsenden Pflanzen kein Licht mehr bleibt. Auch dieser Farn wird von Pflanzenfressern meist verschont.

Thailändischer Wasserfreund
Hygrophila stricta
Der Thailändische Wasserfreund erinnert im Aussehen sehr an den Riesenwasserfreund, hat aber schmälere Blätter, die dichter aufeinanderfolgen. Eine dekorative, wüchsige Stengelpflanze, die als Randbepflanzung, aber auch als Solitärpflanze geeignet ist. Die Vermehrung erfolgt wie bei allen Stengelpflanzen durch Sproßstecklinge.

Riesenwasserfreund
Hygrophila corymbosa
Die aus Südostasien stammende, sehr kräftige Stengelpflanze gehört zu den wüchsigsten Aquarienpflanzen. Sie ist daher besonders zur Erstbepflanzung ausgezeichnet geeignet. Er wächst schnell aus dem Wasser heraus und bildet bei ausreichender Beleuchtung dann seine violettblauen Blüten. Der Riesenwasserfreund ist besonders leicht durch Sproßstecklinge zu vermehren, die sehr schnell wieder Wurzeln treiben. Allerdings sehen wiederholt eingekürzte Altpflanzen nicht mehr gut aus. Sie sollten aus dem Becken entfernt und durch Sproßableger ersetzt werden. Ausgezeichnet für die Bepflanzung des Hintergrundes oder der Seiten geeignet.

Schraubenvallisnerie
Vallisneria asiatica biwaensis
Eine dekorative Grundständige Pflanze aus Südostasien mit langen schmalen Blättern, die korkenzieherartig gedreht sind. Es gibt aber auch Pflanzen mit geraden Blättern. Sie unterscheiden sich von der Sumpfschraube durch den fein gezackten Blattrand. Sonst wie die Sumpfschraube zu halten und zu vermehren. Die Schraubenvallisnerie ist aber etwas weniger wüchsig, ein Rückschnitt ist daher weniger angeraten.

Sumpfschraube
Vallisneria spiralis
Die Sumpfschraube oder Vallisnerie ist ideal für die Erstbepflanzung. Sie ist anspruchslos, schnellwüchsig, und man kann zusehen, wie sie neue Bodenausläufer treibt. Aus wenigen Anfangspflanzen hat sich bald ein ganzer Vallisnerienwald gebildet. Wichtig ist

aber gerade bei dieser Pflanze, daß man sie nicht zu tief in den Boden setzt. Die Ableger brauchen nicht von der Mutterpflanze abgetrennt zu werden. Die bandartig langen Blätter erreichen bald den Wasserspiegel und wachsen hier treibend weiter. Wenn sie den anderen unten wachsenden Pflanzen zu viel Licht wegnehmen, kann man die Blätter mit der Schere kappen. Das schadet den Pflanzen nicht, hemmt aber etwas ihr Wachstum. Gut geeignet für Gruppenbepflanzung am Rand oder im Hintergrund.

Ihren Namen hat die Sumpfschraube nach den sehr langen Blütenstielen, die bis zur Wasseroberfläche hochgetrieben werden und nach der Befruchtung spiralig wieder in tiefere Wasserzonen gezogen werden.

Echte Amazonas
Echinodorus amazonicus
Grundständige Pflanze aus dem Flußgebiet des Amazonasbeckens. Wird oft auch als Schmalblättrige Amazonasschwertpflanze bezeichnet. Eine prächtige Solitärpflanze, die aber ausreichend Platz beansprucht. Bei genügend Licht bildet sie willig Ableger, die sich so wie bei der Schwarzen Amazonas bilden und entsprechend zu behandeln sind.

Rote Tigerlotus
Nymphaea lotus
Wegen ihrer intensiven rotbraunen Blattfärbung und der großen runden Blätter ist die Rote Tigerlotus eine der auffälligsten Aquarienpflanzen. Sie ist daher besonders als einzeln stehender Blickfang geeignet. Am besten gedeiht sie in weichem, nicht zu warmem Wasser, doch auch in mittelhartem Wasser gedeiht sie noch. Reagiert gut auf CO_2-Zufuhr und Eisendünger. Liebt etwas mit Lehm angereicherten Boden (unterste Bodenschicht nicht auswaschen!) und braucht möglichst viel Licht. Gegen Umpflanzen ist sie empfindlich. Muß ganz flach in den Boden gesetzt werden.

Ebenfalls sehr dekorativ ist auch die nahe verwandte Grüne Tigerlotus, mit großen, hellgrünen, unregelmäßig braun gefleckten Blättern.

Wendts Wasserkelch
Cryptocoryne wendtii
Eine im Aquarium sehr häufig gepflegte Cryptocoryne aus Sri Lanka (Ceylon), die es in mehreren Varietäten gibt. Die Art ist sehr genügsam in Hinblick auf Wasserbeschaffenheit, Lichtmenge und Bodengrund. Sie vermehrt sich wie der Haertelsche Wasserkelch willig durch Bodenausläufer und eignet sich ausgezeichnet für Gruppenpflanzung im Mittelgrund.

Hornfarn, *Ceratopteris cornuta*
Der vor allem im tropischen Afrika beheimatete Hornfarn ist mit dem Sumatrafarn nah verwandt und ganz entsprechend zu halten. Auch er kann als Schwimm- oder als Bodenpflanze kultiviert werden. Die Unterscheidung der beiden Arten ist nicht immer einfach, doch sind die Blätter des Hornfarns meist runder und weniger zerteilt. Vermehrung leicht durch Adventivpflanzen, die sich an den Blatträndern bilden.

Tausendblatt, *Myriophyllum*
Die zahlreichen Arten der Gattung *Myriophyllum* sind Stengelpflanzen, die durch viele haarartig feine Blättchen ausgezeichnet sind. Die Artbestimmung ist meist nicht einfach. In der Haltung sind die Myriophyllum-Arten oft anspruchsvoll. Ihre zarten Blätter fangen leicht Mulm auf. Es gibt sehr dekorative, rotblättrige Formen, die ihre Farbe unter Aquarienbedingungen aber schnell verlieren, wenn sie nicht sehr hell gehalten werden. Nicht zu warm halten!

Rotweiderich, *Rotala macrandra*
Eine anspruchsvolle, aber sehr dekorative Pflanze, die in einem eingefahrenen Becken weiches Wasser, gute CO_2-Verhältnisse, gelegentliche Eisendüngung und vor allem viel Licht braucht. Dann entwickelt diese Stengelpflanze herrliche weinrot gefärbte Blätter.

Haarnixe, *Cabomba*
Die Pflanzen aus dieser Gattung gehören mit ihren dichten, zarten Blättern zu den schönsten Stengelpflanzen im Aquarium. Leider sind sie aber auch besonders anspruchsvoll und daher wird man nur bei optimalen Haltungsbedingungen über längere Zeit an ihnen Freude haben. Sie brauchen weiches, leicht saures Wasser, optimale CO_2-Verhältnisse und vor allem sehr viel Licht.

Barclaya
Barclaya longifolia
Dieses in Thailand beheimatete Seerosengewächs ist sehr dekorativ, aber auch langsamwüchsig. Die besonders prächtige Solitärpflanze bekommt im Aquarium nicht selten sogar eine Blüte. Dann können aus den ein bis zwei Millimeter großen Samen in einer mit wenig Wasser gefüllten Pflanzschale Jungpflanzen herangezogen werden. Die Barclaya braucht aber viel Licht, Temperaturen von mindestens 24° C und etwas Lehm im Bodengrund. Bei Wachstumspausen sollte man sie nicht stören und geduldig abwarten. Leider vergreifen sich die Schnecken gern an dieser schönen Pflanze.

Zwergpfeilkraut
Sagittaria subulata forma pusilla
Im Wuchstyp stark an Vallisnerien erinnernd. Vermehrt sich auch wie diese mit Bodenausläufern. Eine ausgesprochen genügsame, rasenbildende Pflanze, die ideal für die Vordergrundbepflanzung geeignet ist.

Zwergwasserkelch
Cryptocoryne willisii
Früher wurde die Art meist als *Cryptocoryne nevillii* bezeichnet. Es ist ein kleinwüchsiger Wasserkelch mit länglichen, beidseitig hellgrünen, etwas steifen Blättchen. Eine recht anspruchslose Pflanze, die sich sehr gut für die Vordergrundbepflanzung eignet. Sie ist aber ausgesprochen langsamwüchsig, es kann Jahre dauern, bis sich aus einer kleinen Kolonie ein richtiger Cryptocorynen-Rasen bildet. Eine Gruppe wächst am besten heran, wenn man etwa 10 Exemplare zusammenpflanzt, die Pflänzchen dabei aber einzeln in den Boden setzt. Wie alle Wasserkelche möglichst wenig verpflanzen, da das Anwachsen jedesmal viel Substanz kostet. Bei größeren Lichtgaben deutlich schnellerwüchsig.

Grasartige Amazonaspflanze
Echinodorus tenellus
Kleinste Echinodorus-Art mit grasartig schmalen Blättern, die als Vordergrundpflanze regelrechte Unterwasserrasen bildet. Braucht für gutes Wachstum ausreichend Licht und CO_2. Die Zwergamazonaspflanzen, die zu zwei nahe verwandten Arten gezählt werden (*E. bolivianus* und *E. quadricostatus var. xinguensis*) bilden ebenfalls schöne Unterwasserrasen. Auch sie sind für höhere Lichtgaben dankbar. Darüber hinaus sprechen sie gut auf Eisendüngung an.

Unsere Fische

Zebrabärbling

Brachydanio rerio
Die zebraartig gestreiften Fischchen stammen aus dem Osten der Indischen Union und aus Bangladesh. Wohl kaum ein Schwarmfisch ist gleichermaßen so munter und doch so friedfertig wie dieser Bärbling. Fast ständig sind sie in Bewegung und jagen sich harmlos spielend gegenseitig. Man sollte mindestens sechs dieser schnellen Flitzer im Aquarium haben. Zebrabärblinge stellen weder an das Wasser noch an das Futter Ansprüche. Wir können die Geschlechter nur am schlankeren Körperbau der Männchen unterscheiden. Die Tiere verstreuen ihre Eier meist in den frühen

Morgenstunden im Aquarium. Im Gesellschaftsaquarium wird man sicher keine Jungfische von dieser Art aufziehen können.

Laternenträger
Hemigrammus ocellifer
Die ziemlich ruhigen Schwarmfische werden zu den Salmlern gezählt. Wie die meisten Salmler haben die Laternenträger eine kleine Fettflosse hinter der eigentlichen Rückenflosse. Laternenträger gehören zu den in jeder Hinsicht anspruchslosen Fischen. Wir sollten sie aber unbedingt im Schwarm halten! Sie stammen aus dem Amazonas-Stromgebiet und aus Guayana. Mit ihren zuckenden Bewegungen und ihren laternchenartigen Leuchtflecken in der oberen Iris und vor dem dunklen Schwanzwurzelfleck sind es allerliebste Fischchen. Am schönsten wirken sie aber in dunklen Aquarien. Dort fühlen sie sich auch am wohlsten. Daher sollten wir eine teilweise Abdeckung unseres Aquariums mit schwimmendem Sumatra- oder Hornfarn nicht vergessen.

Platy
Xiphophorus maculatus
Auch die Platies oder Spiegelkärpflinge leben gern mit Artgenossen zusammen, aber sie sind keine so typischen Schwarmfische wie die Zebra-

bärblinge und die Laternenträger. Sie stammen ursprünglich aus Mittelamerika und werden zu den Lebendgebärenden Zahnkarpfen gezählt. Platies sind muntere, sehr friedliche Tiere, die es in den verschiedensten Farbspielarten gibt, darunter wirklich knallrote (Korallenplaties) und rote mit schwarzen Flossen (Rote Wagtail-Platies). Die Männchen erkennt man an der zu einem beweglichen Begattungsorgan umgewandelten Afterflosse. Sie ist nicht wie bei Jungtieren und bei den Weibchen fächerförmig, sondern stielartig zusammengelegt. Die begatteten Weibchen bringen gleich putzmuntere Jungfischchen zur Welt, die aber sofort im Pflanzendickicht Zuflucht suchen müssen, wenn sie nicht von den anderen Fischen gefressen werden wollen. Selbst die eigenen Eltern können sie nicht vom Futter unterscheiden. Wenn wir kleine Platies sehen, sollten wir versuchen, sie aus dem Gesellschaftsaquarium herauszufischen und in ein kleines Extrabecken (notfalls genügt fürs erste ein Weckglas) zu überführen. Die Kleinen gehen sofort an feinzerriebenes Flockenfutter.

Purpurprachtbarsch
Pelvicachromis pulcher
Diese Buntbarschart wird gelegentlich auch als Königs-Cichlide bezeichnet.

Die Fische sind nicht ganz so friedlich wie die anderen, dafür aber besonders interessant und vor allem fürsorgliche und wirklich rührende Brutpfleger. Deshalb dürfen wir uns ihre Pflege auf keinen Fall entgehen lassen. Purpurprachtbarsche stammen aus den Küstengewässern Westafrikas.

Wir sollten auf jeden Fall sehen, daß wir ein Paar bekommen. Die Weibchen haben im hinteren Teil ihrer Rückenflosse meist ein oder zwei dunkle, hell eingefaßte Flecken. Den Männchen dagegen fehlen solche Flecken, sie haben sie aber manchmal im oberen Teil der Schwanzflosse. Zumeist sehen die Weibchen etwas farbenprächtiger aus, sind meist auch gedrungener als die Männchen und haben weniger zugespitzte Flossen.

Die Tiere sind Höhlenbrüter. Daher bauen wir ihnen im Aquarium entweder Steinhöhlen auf, oder wir bringen halbierte Kokosnußschalen in das Aquarium, die wir so aufstellen, daß nur ein kleines Einschlupfloch bleibt. Wenn wir Glück haben, können wir das Ablaichen der Tiere mit der Taschenlampe verfolgen, wenn wir die Höhle ausleuchten.

Wenn die Eltern die Höhle reinigen und Sand heraustragen, dauert es mit dem Ablaichen nicht mehr lange. Das Weibchen bekommt jetzt einen regelrecht angeschwollenen Leib und schließlich tritt auch eine kurze Legeröhre hervor. Die etwa 200 bis 300 Eier werden meist unter dem Höhlendach angeklebt.

Jetzt bleibt das Weibchen die nächsten Tage meist in oder direkt bei der Höhle. Das Männchen verteidigt nun das Revier und versucht, andere Fische aus dem Umkreis der Bruthöhle fernzuhalten. Normalerweise nehmen die Mitbewohner aber keinen ernsthaften Schaden. In sehr kleinen Becken oder bei besonders »giftigen« Weibchen kann es aber sogar vorkommen, daß sie ihren Männchen das Leben zur Hölle machen. Hier müssen wir etwas aufpassen und das Männchen notfalls herausfangen. Sonst kann es passieren, daß wir es nur noch als Leiche aus dem Becken herausholen können!

Nach einigen Tagen erscheint die Mutter mit einem ganzen Schwarm von Jungfischen vor der Höhle. Jetzt haben wir echte Probleme — wollen wir die kleinen Fischchen großziehen? Entweder werden die Eltern die Brut sehr heftig verteidigen — dann müssen wir uns um die anderen Mitbewohner sorgen, oder die Mitfische erwischen einen der kleinen Buntbarsche nach dem anderen, und nach einigen Tagen ist von der ganzen Pracht nichts mehr übrig. Im Normalfall wird das wohl so sein, aber wir haben trotzdem schöne Beobachtungen machen können.

Wenn wir züchten wollen, haben wir mehrere Möglichkeiten: Wir können alle anderen Mitbewohner umquartieren und nur die Eltern mit ihrer Brut im Aquarium belassen. Oder wir saugen die Kleinen mit einem Schlauch (wie beim Wasserwechsel) ab und überführen die Jungfische in ein gesondertes Aufzuchtbecken. In der ersten Zeit müssen wir die kleinen Purpurprachtbarsche mit frischgeschlüpften Salzkrebschen füttern. Wie man dazu kommt, habe ich auf S. 57 beschrieben.

Siamesische Rüsselbarbe
Epalzeorhynchus siamensis

Der Fisch wird mit vollem Recht auch als Algenfresser bezeichnet. Er macht sich in unserem Aquarium daher sehr nützlich. An höheren Wasserpflanzen vergreift er sich dagegen nicht.
Eine im allgemeinen sehr friedliche Art, die sich lediglich mit ihresgleichen gelegentlich jagt. Da die Fische wärmebedürftig sind, sollte die Temperatur nie unter 24° C fallen. Die Zucht dieses Südostasiaten ist bisher noch nicht gelungen.

Bitterlingsbarbe
Barbus titteya

Dieser zierliche Karpfenfisch stammt aus den beschatteten Bächen der Insel Ceylon, dem heutigen Sri Lanka.

Manchmal sind die Männchen untereinander etwas zänkisch und der Schwarmzusammenhalt ist etwas locker. Die kleinen Streitereien sind aber harmlos und machen die Tiere eher interessanter. Gelegentlich ziehen die Fische sich in den Schatten der Pflanzen zurück, um hier zu ruhen.
Die Weibchen sind voller und zur Laichzeit herrlich rot gefärbt. An eine Vermehrung im Gesellschaftsaquarium ist aber nicht zu denken.

Roter vom Rio
Hyphessobrycon flammeus

Ein besonders friedlicher und von den Ansprüchen her wohl der genügsamste aller Salmler. Er stammt aus der Gegend von Rio de Janeiro. Die als Einzeltiere nicht sonderlich attraktiven Fische wirken im Schwarm sehr schön, besonders, wenn das Aquarium etwas durch Schwimmpflanzen abgedunkelt ist.
Der Rote vom Rio ist ohne Zweifel die am leichtesten zu züchtende Salmlerart, aber im Gesellschaftsaquarium kommt sicher nur ausnahmsweise mal ein Jungfisch hoch, da die anderen Fische den Laich und die Brut verfolgen, bevor wir davon überhaupt etwas merken. Die Männchen unterscheiden sich von den etwas fülligeren Weibchen durch ihre durchgehend schwarz gesäumte Afterflosse.

Siamesische Saugschmerle

Gyrinocheilus aymonieri

Ein langlebiger, sehr genügsamer Algenfresser aus Hinterindien. In ihrer Heimat leben die Fische hauptsächlich in schnellfließenden Gewässern. In Anpassung an diese Lebensweise ist die Maulpartie der Tiere zu einer Saugscheibe umgestaltet.

Ältere Saugschmerlen können gelegentlich anderen Fischen durch »Putzen« lästig werden. Dennoch eine harmlose und empfehlenswerte Art. Die Zucht ist bisher noch nicht gelungen.

Gefleckter Panzerwels

Corydoras paleatus

Es handelt sich hierbei um recht genügsame Welse aus Südamerika, die es lieben, im kleinen oder auch im größeren Trupp am Boden im Sand nach Nahrung zu wühlen. Sie brauchen zumindest stellenweise Sandboden. Im scharfkantigen Kiesboden verletzen sie sich leicht die empfindlichen Barteln.

Beim Füttern müssen wir darauf achten, daß unsere Panzerwelse nicht zu kurz kommen. Am besten geben wir abends, wenn wir gerade die Aquarienbeleuchtung ausgeschaltet haben, noch eine Portion für unsere Welse ins Aquarium. Im Gegensatz zu den meisten anderen Fischen finden sie ihre Nahrung nämlich auch noch im Dunkeln, da sie sich hierzu auf ihren Tast- und Geschmackssinn verlassen und nicht auf ihre Augen.

Metallpanzerwels

Corydoras aeneus

Ein metallisch grün glänzender Panzerwels, auf den sinngemäß alles zum Gefleckten Panzerwels Gesagte zutrifft. Auch diese Art ist in den sandigen Flachwasserzonen der südamerikanischen Urwaldflüsse zu Hause.

Zwergregenbogenfisch

Melanotaenia macullochii

Hier haben wir es mit lebhaften und gleichzeitig sehr friedlichen Schwarmfischen aus dem Nordosten Australiens zu tun. Sie sind ausdauernd, sollten aber in mittelhartem bis hartem Wasser gehalten werden.

Die Zucht ist besonders einfach, da die Eier sehr unempfindlich sind, und die Eltern ihren Kindern im allgemeinen nicht nachstellen. Im Gesellschaftsaquarium ist die Aufzucht wegen der Gegenwart der anderen Fische schwierig. Wenn wir aber aufpassen, entdecken wir vielleicht die glasartig durchsichtigen Eier, die an feinsten Fäden in den Pflanzen hängen. Wenn wir sie vorsichtig aus dem Becken herausholen und in ein Extragefäß überführen, können wir mit etwas Glück auch diese Art vermehren.

Black Molly
Poecilia sphenops

Bei diesen eindrucksvoll tiefschwarzen Fischen handelt es sich um eine Zuchtform des mittelamerikanischen Spitzmaulkärpflings. Einige Zuchtformen, die sogenannten Leierschwanzmollies, haben oben und unten ausgezogene Schwanzflossenstrahlen.

Die Black-Mollies gehören zu den lebendgebärenden Zahnkarpfen. Zur Geschlechtsbestimmung und Zucht gilt sinngemäß das beim Platy Gesagte. Die Jungen färben sich oft erst mit zunehmendem Alter schwarz.

Black-Mollies bevorzugen im Aquarium härteres Wasser und Wärme. Unter 25° C sollte man sie nicht halten. Sie machen sich durch Algenfressen nützlich. Neben dem normalen Flockenfutter sollte man ihnen auch gezielt auf Pflanzenbasis hergestellte Futterflokken geben.

Lachsroter Regenbogenfisch, *Glossolepis incisus*

Sehr attraktive Schwarmfische, die aber größere Aquarien brauchen, denn sie können bis zu 15 cm groß werden. Aber es dauert einige Zeit, bis es soweit ist. Auch dann bleiben sie den anderen Fischen gegenüber friedlich. Die erwachsenen Männchen sind herrlich orangerot, die kleineren Weibchen messingfarben.

Rotgeschwänzter Ährenfisch, *Bedotia geayi*

Diese aus Madagaskar stammende Art braucht mittelhartes bis hartes, etwas alkalisches Wasser. Das ist die Wasserqualität, die in den meisten Haushalten aus der Wasserleitung kommt. Es ist ein anspruchsloser Schwarmfisch, der in der Haltung und Zucht dem Zwergregenbogenfisch ähnelt. Bei einigen Varianten dieser Art fehlt das Rot in der Schwanzflosse.

Schwertträger
Xiphophorus helleri

Die Schwertträger sind lebendgebärende Zahnkarpfen, die in Mexiko zu Hause sind. Sie ähneln sehr den Platies und sind mit ihnen in der Tat auch nahe verwandt. Die Männchen sind durch einen schwertartigen Schwanzflossenfortsatz ausgezeichnet und zeigen ein imponierendes Balzschwimmen! Es gibt nicht viele Fische, die es verstehen, derart rasant auch rückwärts zu schwimmen!

Auch bei den Schwertträgern gibt es eine größere Zahl von Zuchtformen. Besonders lebhaft und empfehlenswert ist die grünlich gefärbte Stammform. Sie sollte nur bei Temperaturen von 22 bis maximal 25° C gehalten werden. Die roten Formen bevorzugen Temperaturen um 25° C.

Es ist möglich, Mischlinge zwischen

Schwertträgern und Platies zu erzielen. Einige Aquarienformen sind durch derartige Kreuzungen entstanden. Die Geschlechtsunterschiede und die Vermehrung gleichen dem Platy. Auch im gut bepflanzten Gesellschaftsaquarium kann man gelegentlich das Glück haben, junge Schwertträger rechtzeitig herauszufangen und gesondert aufzuziehen.

Paradiesfisch
Macropodus opercularis

Der Paradiesfisch oder Makropode ist in Ostasien von Korea bis zum Süden Vietnams in Reissümpfen und stehenden Gewässern zu Hause. Der schöne, sehr genügsame Fisch ist auch für größere, gut bepflanzte Gesellschaftsbekken mit nicht zu empfindlichen Mitbewohnern geeignet. Die erwachsenen Männchen unterscheiden sich von den farbloseren Weibchen durch ihre langausgezogenen Rücken- und Afterflossenspitzen und lange Schwanzflossenzipfel. Keine besonderen Wasser- und Futteransprüche, möglichst aber keine oder nur geringe Wasserströmung. Fühlt sich in Gegenwart von Schwimmpflanzen besonders wohl. Ausführlichere Angaben zur Haltung und Zucht auf S. 53! In Handel werden auch blaue Varietäten sowie gelbe und weiße Zuchtformen angeboten. Ganz ähnlich in der Haltung und Zucht sind der aus China stammende Rundschwanzmakropode *(Macropodus chinensis)* und der Schwarze Makropode *(Macropodus concolor).*

Kampffisch
Betta splendens

Der Kampffisch, genauer der Siamesische Kampffisch, wird fast ausschließlich in der schleierflossigen Zuchtform, dem Schleierkampffisch, angeboten. Nur die Männchen haben diese Flossenbehänge. In Thailand werden Kampffisch-Männchen zu Kampfspielen gemeinsam in Gläser gesetzt und Wetten über den Sieger abgeschlossen. Es handelt sich dabei aber um speziell hierfür gezüchtete, besonders kämpferische Fische. Unsere Schleierkampffische sind weit friedfertiger und ohne Schwierigkeiten auch mit anderen friedlichen Fischen zu vergesellschaften. Nur sollte man nicht mehrere Kampffisch-Männchen zusammen halten. Keine besonderen Wasser- und Futteransprüche, jedoch ist die Wasserströmung — wenn überhaupt — möglichst gering zu halten, und die Temperatur sollte nicht längere Zeit unter 25° C liegen. Die Männchen bauen Schaumnester an der Wasseroberfläche und versorgen die Brut. Weiteres zur Zucht und Aufzucht auf S. 58.

Schleierkampffische gibt es in allen erdenklichen Farben. Es gibt aber auch andere Kampffisch-Arten, darunter sogar Maulbrüter, bei denen die Väter ihre Nachkommenschaft in einem Kehlsack ausbrüten. Das sind aber schon Arten für Spezialisten, die auch bei den Händlern nur selten zu bekommen sind.

Literatur

Vom Autor des vorliegenden Buches ist im gleichen Verlag in dieser Reihe erschienen:
VIERKE, J. (1990): Die beliebtesten Zierfische.
Darin werden die hundert beliebtesten Aquarienfische vorgestellt, wobei nicht nur ihre Pflegeansprüche, sondern auch interessante Hinweise zu ihrem Verhalten und zur Zucht gegeben werden.
Aquarienfreunde, die sich für etwas ausgefallenere Fische interessieren, die in der Regel nicht für das übliche Gesellschaftsaquarium geeignet sind, haben vielleicht an Schlangenköpfen und anderen Süßwasser-Raubfischen ihre Freude:
VIERKE, J. (1993): Räuberbande im Aquarium.
Außerdem gibt es weitere Kosmos-Bücher, die sich mit der Aquaristik allgemein sowie mit speziellen Themen wie Wasserpflanzen, Wasserchemie und Fischkrankheiten beschäftigen:
DREYER/KEPPLER (1993): Das Kosmos-Buch der Aquaristik.
KRAUSE, H.-J. (1991): Wasser für unser Aquarium.
GREGER, B. (1991): Aquarienpflanzen.
SCHUBERT/UNTERGASSER (1991): Krankheiten der Fische.

Register